Ⓢ新潮新書

小倉智昭　古市憲寿
OGURA Tomoaki　FURUICHI Noritoshi

本音

1029

新潮社

まえがき

古市憲寿

「三途の川を見たんだよ。気が付いたら、親父と僕でしゃべってるの」

小倉智昭さんから臨死体験の話を聞いたのは、去年の夏のことだった。久々に「とくダネ！」出演者が集まった食事会で、小倉さんはいつものように飄々と、生死をさまよった経験を語っていた。

もはやその名を説明する必要はないだろう。小倉智昭、１９４７年生まれの76歳。テレビ東京のアナウンサーとしてキャリアを開始、フリー転身後は「世界まるごとＨＯＷマッチ」のナレーションや「どうーなってるの?!」の司会などで注目を浴びた。総合司会を務めた「情報プレゼンター　とくダネ！」は、１９９９年から２０２１年まで続く長寿番組となり、誰もが知る日本を代表する朝の顔だった。

その間に膀胱がんを発症するものの手術は成功、「とくダネ！」勇退後は悠々自適な生活を送っていると思っていた。だが抗がん剤の副作用によって、生死の境をさまようことになったのだという。

一時は意識不明となり、医師にも家族にも、もう駄目かと思われた。

その時に三途の川を見たのだという。尊敬する父親が現れ、三途の川を渡らないかと誘われた。

「俺まだ行きたくないから」

「そうか、お前はまだ行かないのか」

そんな会話を交わしたのだという。

幸いにも小倉さんは危篤状態から復活した。心配されていた後遺症もほとんどなかった。だが大病を患い、臨死体験を経たことで、人生観にも変化があったという。

食事会はお開きとなり、みんなで小倉さんを駅まで見送った。タクシーを勧めたのだが、健康のために電車に乗るといって聞かないのだ。

小倉さんと別れた後、すぐに新潮社の親方こと中瀬ゆかりさんに連絡をした。僕が聞き役となり、小倉さんの本を作れないかという相談だ。

「一度死んだ小倉智昭」の人生を残しておきたいと思ったのである。

実は知名度と活動期間の長さにもかかわらず、小倉さんはほとんど本という形で言葉を残してこなかった。自分には文才がないということで、書籍の依頼は断ってきたのだという。

それはあまりにも勿体ないと思った。その人生は波瀾に満ちているし、聞いておきたいこともたくさんある。

なぜ吃音を持ちながら言葉が淀みなく出てくるのか。台本もメモもなくフリートークをするコツは何か。今だから話せる芸能界の裏話やタブーも、未だに許せないあの人物についても聞いておきたい。そして一度死にかけた人というのは一体、何を思うのか。


僕が小倉さんと初めて会ったのは、2012年秋のことだ。『絶望の国の幸福な若者たち』という本が話題になり、少しずつメディアに出始めた頃だった。

「とくダネ！」に出演してみないかと声をかけられた。もちろん番組の存在は知っていた。だが実は一度、僕はその依頼を断っている。テレビを通して観る小倉さんは、あまりにもアクが強く、とても自分と相性がいいとは思えなかったのだ。

結局、まずはお試しでということでフジテレビへ行くのだが、想像していた小倉智昭とのギャップに驚いたことを覚えている。

本番前の打ち合わせでは、ぼそっと冗談を言ったりするが、基本的には物静か。その日は、中国の反日デモに参加する若者を特集していたが、僕の発言にもじっくりと耳を傾けてくれた。

一緒のエレベーターに乗り、目が合った時なんて、恥ずかしそうに顔を背けられた。所構わずスタッフを大声で怒鳴りつけるような「意地悪じじい」だと思っていたのに、心優しきシャイガイだったのだ。

「とくダネ！」に出演を続けてわかったことだが、とにかく小倉さんは共演者やスタッフに好かれている。テレビでしか小倉さんを知らない人からは「嘘だろう」と思われそうだ。そういえば嫌いな司会者ランキングでも、小倉さんはいつも上位にいた。もしかしたら仲間思いの性格が、小倉さんをことさら「嫌な奴」に見せていたのかも知れない。

たとえば番組でスタッフがミスをした時も、いつも視聴者に対して謝るのは小倉さんだった。他人に責任を押し付けることがなかった。世間にどう見られるかを気にせず、いつも身近な人を大切にしていた。自分が悪者になってもいいと思っていたのだろう。

嘘がない人だった。知ったかぶりをしなかった。わからないことはわからないと言った。常に純粋な視点で、社会に疑問を持ち続けていた。だから衝突も多かった。偉い人や権威との喧嘩もいとわなかった。

他人に気を遣わせない人だった。番組中も遠慮なく「小倉さん、それは違うと思いますよ」と反論することができた。もちろん、それを根に持つような人ではなかった。そんな小倉さんは、多くの友人や仲間に慕われていた。

――つい弔辞のような文章になってしまった。

いや、笑い事ではない。それがあながち冗談にならない可能性もあったのだ。中瀬さん経由でこの本の依頼をした時のことである。小倉さんからはこんな返事があった。

「実は一昨日から血尿が出始めました。小腸で代用した膀胱にがんはできないそうです。腎臓に異変が起こっているかもしれません。やらせてもらうなら急ぎます」

その時は、もしかしたら遺言のような本になるのかと覚悟した。小倉さんもいつもの毒舌を封印して、格好つけた言葉ばかりを残そうとするのかもと思った。

結論から言うと、全然違った。遺言とはほど遠い内容になった。小倉さんは小倉さんだった。いつもの通り、言いたい放題だった。

詳しくは本文を読んで欲しいが、小倉節全開の本になったと思う。もちろん大病や臨死体験を経た人生論などは非常に興味深いのだが、それだけには留まらない。もはや小倉さんしか語れないだろう芸能界やテレビ業界のあれこれを赤裸々に語ってくれた。

いわゆる「語り下ろし」というスタイルだが、本文を読んでいると頭の中であの小倉さんの声が聞こえてくるはずだ。その意味で、書籍版「とくダネ!」と言ってもいいかも知れない。とは言っても、もはや現在の地上波ではオンエアできない内容も多い。YouTubeでさえBAN(バン)される箇所がありそうだ。

痛快で、愉快で、いつの間にか背中を押されている。そんな風に、小倉さんの過激さと優しさが混ざった一冊になった。小倉さん、これが本当の遺言になったら困るので、しばらくは元気でいて下さい。

本音　目次

あとで先生が、「小倉さんは本当に強い。すごいよ、小倉さんの生命力」って言ってくださいました。（小倉）

三途の川を見たことで
人生観はどう変わったか

≪ 1

実際にその体験をした時は、かなり危ない状態だったんですよね。（古市）

●いきなり細胞診の「5段階評価で4」と宣告された

——小倉さん、どんな風に自分ががんだと知ったんですか？

最初に膀胱がんだって分かったのは2016年、68歳の時ですね。洋式トイレに唐がらしの破片みたいな赤いものがプツッと浮いたんだよ。何だろうなと思った。

それが2回くらい続いたんで、ホームドクターに、「ちょっと気になるんだけれども……」って言ったら、「尿の細胞診やりましょうか」と。

それで調べたら、いきなり「4」という結果が出て、「小倉さん、がんだと思うよ」って言われた。「4って何なの」って聞いたら、「1は絶対安全で、2もそこそこ安全。3はどっちとも言えない。4になると、もうほぼがん。5はパーフェクト」というような説明でした。

その先生は循環器の専門だけれども、この段階なら泌尿器科の先生に診てもらった方がいいからということで紹介されて、松田優作さんが最期を迎えた病院に行きました。優作さんを看取った先生が膀胱鏡で診てくれたの。

「ああ、がんですね。これは早く取っておいたほうがいいな。たちが悪いかも分からない。膀胱の表面だけの上皮がんだったら内視鏡で取るだけでいいけど、筋肉層まで入っている浸潤がんだと転移が早いから、そうしたら全摘したほうがいいですね」

すぐにそう言われた。

それで他の病院に1週間入院して内視鏡で上皮を取って組織を調べて、

「やっぱりたちの悪いがんだから、もう全摘してくれ」

って言われたんだけど、そこから2年近く全摘しなかったわけだね。未練がましいから。というのも、

「先生、全摘だと何の機能を失いますか」って聞いたら、

「そっち――セックスのこと――を考えていたんだったら、それはもうあきらめたほうがいいですよ、ほぼ駄目だと思ってください」

それで全摘に踏み切れなかった。情けないよね、自分の命よりも男としての機能がな

くなることが、何かすごく損したような気がしてさ。70歳近くにもなってよ。でも、まだ使い物になっていたからね。先生からは、

「膀胱がんは進行が早いですよ。5年生存率もすごく低いし、膀胱がんって意外に知られてないけど危ないんですよね。なるべく急いで全摘してください」

って言われて、

「はい、分かりました。いろいろ相談してみます」

と言った後は、何かいい方法はないかなと探しました。実際、ネットで検索すると、魅力的なことを書いているサイトがあるわけですよ。「膀胱がんは治る」とかさ。それでいろいろなものを見て、時には金もかけて、2年間頑張ったんだ。でも、アウトだったね。

今思えば、変なことを言う医者もいたんだよね。

「小倉さんのがんは活性化してないから大丈夫だ」

なんて。

「活性化してないってどういうことですか」

「活動もしてないがんだから、もうこれ以上進行はしません」

そうそう、オーリングテストって知ってますか。

――占いというか、オカルト的なものなのでは……。

そう。親指と人差し指でO形のリングを作る。そのリングを診断に使うんです。細かいことは省くけれど、それで薬を決めるお医者さんもいるんですよ。どこまで実証されたものか分からないけど、ある時に通っていたのは、診察にそういうテストを使う人だった。ちょっと怪しいなとは思っていたんだけど……。そのオーリングテストの結果をもとに、

「これは新しい抗がん剤で、まだ日本では承認されてないけど、これは多分効果があると思いますよ」

と言って、薬を薦めてきた。

「ちょっと高いんですけどね」

「いくらですか」

「25万円です」

「わかりました。使ってみます」

「じゃあ25万円振り込んでください。振り込んでもらったら次のときからこれ使いますから」


――それで払っちゃったんですか?


うーん。すごい、先に振り込むのか、病院として何か変だな、なんて思いながらも、つい、すがってしまうわけですね。

実はその頃、「とくダネ!」コメンテイターの山本一郎さん(実業家・ブロガー)が、「小倉さん、その先生多分うちの親父を診た先生と一緒だと思う。うちの親父も膀胱がんで、その先生に診てもらって全摘しなかったら、えらい目にあったんだ。やめたほうがいいと思う」

って言ってくれていたんです。早い段階で「気をつけてくださいね」って。今にしてみれば山本さんのことを信じておいたほうがよかったかな――でも山本さんの話、どこまで信じていいか分からないんだよなあ。

そうこうしているうちに、大出血しちゃったわけよ。2年たたないうちに大出血。「とくダネ！」の本番直前、本当に便器が真っ赤になる出血でさ。これヤベえやと思って。

その日はずっと血が残っている感じが常にして、VTRの合間にトイレに行くと、また真っ赤になる。その日に限ってラジオの生放送もあったんですよ。それでニッポン放送に行っても、真っ赤になる。

これはもう駄目だと思って、最初に行った病院に駆け込んだら、

「小倉さん、もう駄目、もう駄目。一応今日ここに泊まってもらって、止血するけど、これ止まらないと思うよ」

実際、3日間くらい血が止まらなかったんですよ。

「はっきり言うけど、優作さんのときよりひどいから。早くしないと命取りになるけどどうしますか。病院はうちでもいいし、小倉さんが知っているところとか、あるいはいい先生がいるとかだったら、そっちでもいい。でも全摘しないとダメですよ」

そこから知り合いに相談して、泌尿器のがんの専門家の三木淳先生を紹介してもらいました。東京慈恵会医科大学附属柏病院の先生です。

それで膀胱を全摘したのが2018年11月でした。三木先生が手術後もきちんと丁寧に経過を見てくださったんだけど、ずっと気にしていたのが、「肺にもちっちゃいのがある」ということでした。ちょっと様子を見る、ということで、経過を見ていたのですが、すぐに大きくなったりはしなかったんですね。

でも2年ほど経って、

「小倉さん、これやっぱり気になるんだ。今、進行がゆっくりしているけど、突然早くなったりもするし、僕はやっぱりこういうのは叩いておきたい。ただ膀胱から肺に転移したがんっていうのは、手術はできないんで、抗がん剤を使うしかしょうがないんだよね。まずは膀胱を原発とするがんが転移したものかどうか調べてみましょう」

と言われて肺生検を受けることになった。背中から肺に長い針を刺すやつです。これがね――。

――その表情から察するに相当痛いんでしょうね。

痛いなんてもんじゃないんだ。たばこ吸っている人には、やめたほうがいいですよって言ってあげたいくらい。

事前に「痛いんですか」って聞いた段階では、専門家の先生が、「うーん……うん、ちょっと痛いかな」

って言うから、

「全身麻酔ですか」

と聞くと、

「いや、それは駄目なんだ。CTを撮りながら、体を動かしてもらうんで、意識がなくなっちゃうと困る。部分麻酔しかできません。だから、一応こっちでいろいろ、姿勢を変えてくださいとか、息を止めてくださいとかいうことを言いながらやるんで、ちょっと我慢してください」

そういうやり方で針を18回打ちます、という話でした。こちらは「ああそうですか」としか言いようがないよね。

当日になって、最初はたしかに、チョンチョンって感じで針が触れてきて、

「痛いですか?」

と聞くから、

「痛くありません」

と答えると、続いて、

「ちょっと痛くなりますよ」

と言って針を刺してきた。

その痛さってのは、〝ちょっと〟なんてもんじゃありません。僕は痛みには強いほうなんですが、もうこれは本当に痛い。胸膜には麻酔が効かないの。そこを通していくんで、ずーんと来る痛さ。

僕のがんは場所が悪いから、ちょっと痛いかも分からないとは言われていましたが、ひたすら痛い。もう死ぬっていうくらいの痛さだった。それだけ痛い思いして調べた結果、やっぱり膀胱から転移したがんだった。

転移したがんとなると、自然と扱いとしては、ステージ4ということになっちゃう。スポニチには「小倉肺がん、ステージ4」って記事がでっかく出ちゃったね。

●がんと同時に命も消えそうに

――発見自体は早かったのに、結局、ステージ4になったということですか。そこからどんな治療をしたんですか。

放置していて、もしもほかの場所、脳とかに転移したら大変だから、叩くことになった。肺からリンパを通ると、近いところとして脳に転移しやすいらしい。

そうなると今度は抗がん剤の治療ということになります。しかし、抗がん剤治療では全然小さくならなかったので、今度はキイトルーダという免疫チェックポイント阻害薬を試すことになりました。これは一時期高額すぎることで有名になったオプジーボと同じ系列の薬です。

高額だけれどもこれを使いましょう、となって1カ月に1回打つことになった。すると3回目くらいからどんどん小さくなって、4回目終わったときにはほとんど肺がんは消えたんだ。

――良かったですね。そんなに効くこともあるとは。

がんは消えたんだけど、同時に僕の命も消えそうになっちゃった。副作用で。

それが2022年の秋。そもそもがんが消えて喜んでたんだけど、腎臓の数値があまりにも下がりすぎているから、また検査しましょうってことになったんです。10月27日から検査入院することになっていたわけ。

ところが、その直前まで事務所がまた仕事入れるんだよね。検査入院の前にやたら仕事を入れるの。そうしたら入院1週間前の10月20日、日本テレビの「行列のできる相談所」の取材で日光東照宮に行ったときに、もう音を上げざるをえなくなった。

あそこ、階段があるじゃない？　きついなと思いながら、小学生の子供たちにインタビューしたりと、頑張ってロケをやっていたの。でもロケが終わった頃に、もう駄目かもしれない、という感じになって。

翌日は大阪で仕事があったんだけど、多分向こうまで行けない。至急、先生に連絡したら、翌朝一番で来てくれ、と。

それで病院に行くと、先生の顔を見るなり、ベッドに倒れ込んじゃった。もうフラフラになってて。それで検査したら、あまりにも数値が悪すぎるもんだから、先生たちも大あわてになっちゃって。

キイトルーダはまだ新しい薬なので、副作用についてはわからないところもあった。腎臓に副作用が出て、人工透析をいきなりやらなきゃいけないような数値になっていたんですね。でも透析よりも先に輸血をしなければということになったり、また大量のステロイドを投与したり。

僕は、糖尿病もあるので、ステロイドを打って食事すると、インシュリン打ってても血糖値が異常な数値になるんですよ。それまで高くても二百数十くらいで収まっていたのが、５００とか、４５０とか、見たこともないような、もうメーターを振り切っちゃうような数字が出る。

でも「ステロイドのせいだから大丈夫、大丈夫」と言われながら、１週間くらいはそんな生活をしていたんです。飯は食えないから点滴でしのいでいた。


――かなりきつかったんでしょうね。

うん、それでも自分でもえらいもんだなと思うのは、経営している会社の従業員の給料のことを考えていたってことだね。毎月25日にはどうしても給料を振り込まなければいけないので、かみさんに電話をして病院まで呼んで通帳とカードを渡して、手続きを頼んでいるんだよね。

そのときに俺を見たかみさんは、「もう駄目だと思った」って。目は虚ろ、言葉はしゃべれない、手は震えている。

「もう本当にひどくて同じ人間とも思えなかった。最期ってこんなもんなんだって思った」と言っていました。

●三途の川のほとりに父がいた

その頃だと思いますよ、三途の川を見たのは。

川のほとりで誰かしゃべっているんだよね。気がつくと、親父と僕がしゃべっているんですよ。細かい内容は忘れたけれど、覚えているのはこんな会話。

「じゃあ、そろそろ父さん行くから」

「俺まだ行きたくないから」

「そうか、お前はまだ行かないのか」

「もうちょっとこっちにいる」

「そうか、じゃあ父さん行くぞ」

そう言って、くるって背を向けて、親父が橋を渡っていった。本当に昔から聞いているようなストーリー通り。向こうにある花園のほうにだんだん親父が消えていくんだよ。

何となく意識が戻ったときに、〝親父が迎えに来てたな、あれは何だったんだ、夢なのかな、あれが俗に言う臨死体験なのかな〟なんてしばらく考えていました。

そういう話を前から聞いているから、そういう夢を見るのかしらね。どこの川というわけでもないけれど、リアルな夢でしたよ。


――実際にその体験をした時は、かなり危ない状態だったんですよね。


先生も〝正直言ってダメかもしれない〟と思って、かみさんにもそう伝えたらしいんですね。それでも病院をあげてバックアップしてくださったそうです。

もとはといえば膀胱がんだから泌尿器科なんですが、肺に転移したからそちらの専門の先生や、また腎臓の先生、糖尿病の関係もあるのでそちらの先生、さらには全身に湿疹ができたから皮膚の先生という感じで、みんなで集まって話し合ってくださったと聞きました。

あとで先生が、「小倉さんは本当に強い。すごいよ、小倉さんの生命力」って言ってくださいました。

最近になってかみさんが教えてくれたのは、実は先生には「回復しても80％までというつもりでいてください」と言われていたんですって。全快は難しい、と。

――かなり元気そうに見えますけどね。今の体調はどうなんですか。

僕としては、今現在の調子が80％で、これ以上は良くならないということなのか、そもそも今は何％なのか、そのへんがわかりませんから。

ただ、肺がんはほぼ消えてしまって、専門の先生が見てもどこにあるのかわからないくらいだそうです。これでまた出てきたらキイトルーダを再度使うのか、副作用もあるのでそれも考えなくてはいけない。

実はもしもキイトルーダも効かなかったら、その後に使う候補として、アメリカで今試している治験薬があって、それが膀胱がんにものすごくいいらしい。しかも僕の条件がそれを使うのにぴったり当てはまっているので、治験の了承もしていたの。1回か2回か、それに関する面談もやっていましたね。治験だと1日7000円くれるんです。会計の時、7000円もらったんだよ。

——薬を試すにも条件があったということですか。

簡単に言えば、抗がん剤が効かなくて、キイトルーダが効かなくて、なおかつ、かつてはたばこを吸っていたけれども、もうやめている人、といったいくつかの条件をクリアした人にしか治験ができないらしい。それに僕は当てはまっているんだ。

●俺はもう今日からたばこやめるから

——あれ、そもそも小倉さん、たばこ、吸うんでしたっけ。

昔はヘビースモーカーだったんです。実は29歳までたばこ吸ってなかったんだよ。一度もくわえたことすらなくて。テレビ東京（注・前身は東京12チャンネル。本書では以下、テレビ東京で統一）辞めるときに局の女子アナと一緒に酒飲みに行ったんだよ。そうしたら、そいつが悪いやつで、

「小倉君、たばこ吸ったことないの。これ吸ってみる？」

って勧めてきたんです。

吸い込んでみたらうまかったんですよ。むせもしないしね。次の日から1日2箱吸うようになった。それでチェーンスモーカーみたいになって、一時は4箱くらい吸ってた。常にかばんの中には、ジッポーのライターが三つか四つ入ってて、たばこも4箱5箱入っていた。

――でも禁煙したんですね。やっぱり健康のことを考えてですか。

いや、世界禁煙デーのときの新聞に小さなコラムみたいなのが出ていてね、「たばこ

をやめたら影響力のある芸能人」ランキングに俺の名前が入っていたの。木村拓哉とか、和田アキ子とか並んでいる中で、下の方に「小倉智昭」とあった。

それで「とくダネ！」のオープニングトークでその話をしたわけ。

「それほど影響力があるって言うならやめてやろうじゃないの、俺はもう今日からたばこやめるから」

それでやめたのが２００３年頃。あとで喫煙問題に取り組んでいる市民団体から表彰状が届いたよ（笑）。

一方で、ＪＴ（日本たばこ産業）からも事務所に問い合わせがありました。

「小倉さんは本当におやめになったんでしょうか。小倉さんは我々の強力な味方だと思っていたんですが」

――というのも以前、秋葉原でたばこを吸ったら2万円の罰金という条例ができたことがあって、そのときにはオープニングトークで、

「ふざけるな、俺は意志が固いから、絶対たばこはやめない、秋葉原行って路上で2万円取られるんだったら俺はもう秋葉原行かねえぞ」

って言ったことがあったんだ。それがあったものだから、ＪＴは「小倉さんが最後の

砦だと思ってました」と言うんだけど、やめちゃったものは仕方ないよね。

●コレクションを捨てるのは難しい

——大病をして何かご自身に変化は生まれましたか。

まあ三途の川まで見て、生き返るような経験をすると、人生観は変わるよね。この半年くらいでいろいろなことが変わったし、今あわてていろいろやりだしてはいるんだけど。

うちは二人の間に子供もいないし、身内もいないようなものだから墓じまいをどうするか、とかも真剣に考えなきゃいけないし。

僕が掻《か》き集めたコレクションがやたらいっぱいある。これが問題。かみさんは、「だから私が言ってたでしょ。あなたにもしものことがあったら、私は何も分からないんだから、ただ売るだけよ。遺品整理業者に出しちゃうよ」

って。僕からすれば、そんなことしたらもったいないからダメだってことになる。で

もそう言うと、

「じゃあ、ちゃんとやっておいてくれなきゃ」

と言い返されるんで、

「すいません……」

と頭を下げつつ整理のことを考えなくてはいけない。まだ体がちゃんと癒えてないから大変なんですけど。


――整理ってそんなに大変なんですか。

コレクションを置いていたのは自宅ではなくて、借りていたビルのほうなんです。それを4フロア借りていたところを2フロアにしたので、一カ所に3フロア分を集めてしまっちゃっている。これを持ってくるには、自宅のほうの整理をちゃんとしないといけない。コレクションといっても、一種類ではなくて、模型もあれば本もあるし、DVDもある。一部はおもちゃコレクターの北原照久さんに相談しようかなあ、と思っています。コレクターといっても、森永卓郎さんに譲るには、モノが良すぎるからちょっと合わないだろう（笑）。

どうやって、そういうものを片づけたりするかは僕にとっては大問題なんです。人生観が変わったとはいえ、今まで一生懸命好きなものを集めてきて、しかもなるべく自分のそばに置いておきたいと思って生きてきたわけですよ。それを簡単に処分するというのは、未練もあってできないんですよね。何年もかけて手に入れたものとかもあるわけだし。

五木寛之さんの本で『捨てない生きかた』（マガジンハウス新書）というのが売れていたでしょう。無理に物を捨てなくていい、という。

でも、それを読むと五木先生のコレクションは大したことないんですよ（笑）。いや、先生の場合は、いわゆるコレクションではなくて、自分の思い出が詰まった物なんですね。だから捨てなくていい、ということなんでしょう。また、そもそもホテル暮らしであまり物を持たずに生きてこられたから。

それと比べるとコレクターは難しい。

——せっかく集めた物を捨てたり手放したりは、まだまだ難しい？

難しいよ。コレクターはみんな分かっているけど、買うときには必死に探して、高いお金で買うわけじゃないですか。ところが、処分するときは足元見られるから、もう5分の1ならいいほうで、10分の1くらいに叩かれるわけじゃない。女性は宝石あたりをイメージすれば分かるかもしれないけどさ。

ロレックスの時計とかエルメスのバッグとかみたいに、中古のほうが値上がりするなんてのは例外でしょう。それもたまたまそうなっちゃうだけの話で、本来は投資のために買っている人なんて少ないでしょう。好きだから、欲しいから買うというだけで。

まずは自宅のほうをリフォームして、本、CD、DVD、アナログレコード等々のうち、ダブっているものは処分するつもりだけれども、すでに一度処分もしているので、実はダブっているものもあまりないんだよね。それに、聴かないものだからって簡単に処分できるかというと、それはそういうものでもないんだよ。いつ聴くことになるか分からないと思っちゃう。

だいたいコレクターはそういうことを言うものなんだ。「置いておくと安心」とかさ。本だってそうじゃない？　そう簡単には捨てられない。いつか何かあったら引っ張りだして読みたいというのがあるから。

それと読んできた本とか聴いてきたＣＤとかっていうのは自分の歴史という意味もあるからね。切り売りもしたくないしさ。

かといって図書館なんかでも今、本を欲しがらないね。なかなか受け入れてくれないでしょう。著名な作家の先生が自分の集めた本をまとめて全部寄付するとかっていうと受け入れてくれるところもあるだろうけど、僕の持っている、二束三文の本なんかじゃあ……ある程度、専門的な本はそろっているけど受け入れてくれるところはないものね。

それに古市君からいただいたサイン入りの本のようなものは捨てられませんよ。罰があたる。

――そうですね。僕のは捨てないでください。三浦瑠麗さんや気象予報士のアマタツさんの本は捨てていいですけど。

君はすぐにそういうことを……。まあともかく、ＣＤやＤＶＤだって、今もうみんなパソコンに落としちゃっているから。ディスク類については邪魔くさいだけだと思ってて、そう売れるものでもないしさ。

そうはいっても、少しずつ整理はしているんだけど、やっぱり一つ一つ手にすると、何か考え込んじゃって。

洋服ダンスの整理をしてても、ゴルフのキャップを見ながら、これは捨てて、これは捨てなくて……ってやっていると、かみさんが、「あなた頭いくつあるの」って言ってくる。正札がついたままの帽子とかあるわけですよ。もらった帽子でタグのついたままのもの。

そういうものはかみさんが、私が処分してきてあげるって売りに行ってる。200個あっても多分2000円とか、そんな値段しかつかないもんなんですね。


――無理に整理しなくてもいいんじゃないですか。

そうもいかない事情があるんだよ。そもそもなぜコレクションを整理したり、一人暮らしになったかといえば、もともとは中野の仕事場が収納場所にもなっていたんだけど、ビルを借りているわけだから、お金がかかるんです。

ギターや絵もあるから、ずっと空調も入れっぱなしで、電気代だけでも相当かかる。もともと、人生の最後、「とくダネ！」も終わり、さあこれからどうやって充実した老後を過ごそうかと考えているところで、コロナ禍と自分の病気がダブルで襲ってきた。しかも僕は自由度をちょっと大きくしようと思ってて、社員数を増やして、新しい事業展開を考えていたんですよ。それで社員を入れたばかりのところで、うまく会社が動かなくなっていたから、運転資金も大変だったし、今まで一生懸命稼いだものをみんな注ぎ込んでいた部分があって。

かみさんは僕の病気が深刻になった時に代わりに給料を払いにいったら、僕が病床ででたらめの暗証番号言ったらしくて、結局、自分の貯めていたお金で立て替えてくれたわけよ。そういうことが2回くらい続いたんだよね。

そんなことをしている過程で当然、僕の通帳の残高も見ているわけじゃない？　それで、

「あなたの通帳見させてもらいました。会社の通帳と個人の通帳を見たけど、ほかに当然、通帳あるよね」

って言うから、

「ないよ」

って言ったら驚かれちゃった。

「えっ、ないんですか！」

「ないよ。だって全部使ったんですか、あなたは。全部使っちゃった……どうするつもりなの」

「全部使ったんですか、あなたは。全部使っちゃった」

「どうしようかね」

「私が老後のために貯めておいたお金を使うしかしょうがないですよね」

「そうしていただくとありがたいけどね」

こんな風に話が進んだんだけど、すると会社の運転資金その他でまとまったお金が、かみさんのほうからどんどん出ていくわけよ。それで、かみさんは今後のことが心配になってきちゃって提案をしてきた。

「中野のビルを借り続けるのはやっぱりやめよう。私がこの練馬の家を出ていって、そこに中野に置いてあったコレクションを移して、あなたが理想のミュージアムみたいなのを作ったらどう。そうしたら、満足いくんじゃない」

「それはありがたいけど、ということは俺一人で暮らすってこと？」

「だって選択肢がないでしょ。文京区の私の実家に住んだって狭い。母もいるから。あなたに母親のことで迷惑かけるのは申し訳ない。とはいえ放ってはおけないし、後々の管理のこともあるから、とりあえず私が出ていって、週に1回か2回こっちに来ていろいろなこととして、食事もできれば作って置いておくとかにすればいいんじゃない？」

「そうだけど、そういうのってさ、だいたい週に1回が月に1回になる。そうなるんじゃないの」

「あたし、そんなに信用されてないの」

「そうじゃないんだけど、やっぱりそういう不安もあるよ」

とまあ、こんなやりとりがあったわけです。


——そういう事情だと仕方ないですね。だからコレクションは基本的に自宅に集中させるわけですか。

自宅に本やCDを移せるのはいい面もあるとは思っている。今まではちょっと車で行ったり電車で行ったりしないと、好きなものに触れることはできなかったじゃないですか。それが朝起きた段階から目の前にあるのは、ある意味幸せなんだと思うんだ。

ただし、かみさんは実家のほうに基本的にいることになるので、本当にこれからは一人住まいになるでしょ。おそらく、物の整理をしながら暮らしていくんだろうと思うんだけれども、地震で書棚が倒れてきたら、僕はもうそこで下敷きになって、誰にも気づかれない。

●76歳からの一人暮らしはちょっと不安

――一人暮らしは不安じゃないんですか？

ちょっと不安。あ、言っておくけど、離婚じゃないからね。でも、なぜかかみさんの方はウキウキしているんだよね。

僕の方は料理にしても、どうしようかな、と思っているんですよ。今までかみさんが塩分や糖分に気をつけて、作ってくれていたわけでしょ。それがなくなる。

毎日材料を送ってくるサービスのパンフレットを見てみたりもしたんだけど、なんだかマズそうで……。

——小倉さん、お金は何に一番使ってきたんですか。

いろいろなことに使っちゃったんだけど、やっぱりコレクションに使ったお金って多いのよ。特に絵とか、ギターだとか。あとは人におごったり、人をバックアップしたり。自分が苦労したから、そういうことをしたくなる。かみさんは「そういうことをすると、その人がダメになる」って言うんだけど、ついつい応援したくなるんだよ。

でも、そんなうちの一人が覚醒剤で捕まったこともあって……。当たり前だけど、別に覚醒剤やらせるために金を払っていたわけじゃなくて、彼の絵を評価して買っていただけなのに、「週刊文春」は、まるで小倉が支援したからクスリが買えたみたいな記事を出したんだよ。

●関口宏さんは「続けてよ」と言った

――これを機に、会社そのものも整理を進めていくというイメージなんですか。小倉さんは飲食店とか輸入関連の会社を経営しているんですよね。

かみさんが一応、僕の会社の社長になっていたんですね。でも、数年前、「もう私は疲れたんで辞めさせてください」って言うんで辞めてもらい、有限会社から株式会社にして、僕が代表になったんですよ。その途端に体がおかしくなっちゃって。

僕はもともと経営者には向いていないんだなと思います。シビアに首を切るようなことができない。この人にもやっぱり家族がいるんだし、とか思うと、「辞めてくれ」とは言えない。そういうことを言える人が本当にうらやましいんだけど。

中野の焼き肉店とハワイのラーメン店、飲食店を二つ経営しているのに加えて、通販の事業も展開して拡大しようと思っていたんですが、どうもあまりうまくいきませんでした。

実は僕は物を売るのが好きなんですよ。フジテレビ時代にも結構、物を売りました。だから通販をやりたかったけど、体力的にもう持たない。それで会社の規模を縮小していくことにしました。

微々たる退職金しか出せなくて申し訳ないけど、と言って頭を下げて、数名を残して辞めてもらうことになったんだ。でも、きつかったですよ。

そういう話ってなかなか夫婦でも分かってくれない、理解できない部分もあるから。

ただ、ハワイの店はコロナ禍の下でも頑張っていたんです。去年の売り上げ、これまでで最高ですよ。22席で。

コロナの間もすごい売上げはあったんだ。けれども配当金があまり入らなかったっていうあたりを見ると、やっぱり物価が高くなっちゃってて、その分が売上げに反映されて高くなっているだけで、大して利益は出てないということですね。コロナ禍でやめちゃった会社や店が多いのは分かるよ。

だって時給2000円、3000円出してもハワイでは雇えないんだもの。マネジャーの月給は最低100万円――いや、経験もあって、英語がしゃべれるマネジャーとなると100万円でも来ないよ。一人、長い間、二十何年いたコックが、引き抜きで辞めちゃったんですよ。いい給料払っていたのに。

カウンターサービスの女性でも、ゴールデンウィークあたりには、月収が100万円以上になってた。だって、チップのお金だけでゴールデンウィークとか正月って50万円超えちゃうんだもの。

おかげさまで人気店なんです。ただあまりお客が入ると、今度は味に心配が出てくるから、テコ入れしたりと大変。そういうことの繰り返しなんだけどね。

向こうのお店を任せている人は、僕より年が一つ下なだけなんで75歳。2回結婚して今の奥さんが50代。そんな若々しい彼も最近、ちょっとお店に出てても疲れるし、体が持たなくなっているから、そろそろ辞めたいんだけど、どう思うかって言ってきた。後継者がいないんだったら辞めるのもしょうがない。


――事業承継か廃業か、難しいところですね。


よく名前だけ貸して売上げの5%か10%もらうタレントさんとかいるじゃない。そのほうが利口だと思うけど、僕はそれが嫌で経営にもかかわってきたんです。やるからには、ちゃんとやりたかったんだ。

だから帳簿も見るし、銀行からの借り入れも自分でやる。一からやらないと気が済まない。それが逆に駄目だったのかもね、任しておけないから。

結局、こういう商売をやるよりも、僕の場合は、しゃべったほうが儲かる。これは間違いない。

――ということは、これからもしゃべり続けるつもりなんですよね。

しかし限界があるからね。みんな衰えるんだ。みの（もんた）さんだって本番で寝ていたしね。徳さん（徳光和夫氏）もロケ番組の中でしょっちゅう寝ている。関口（宏）さんにこの前会ったら、「小倉ちゃん、頼むよ、続けてくれよ。やってよ、頼むからさ」って言われましたけどね。同年代が減るのが嫌なのかな。関口さんはもう80歳ですよ。しかし、やっぱり限界を感じてくるもんです。言葉が出るのが遅くなるし、物忘れが多くなっちゃう、名前とか数字とか。

――全然そんな感じはしないですけどね。さっきからずっと漫談でも聞いている気分です。大体、何歳くらいから老化って感じるものなんですか。

結構前からあったけどね。久米宏さんは思い切りが良くってすごかったと思うよ。59歳で「ニュースステーション」を辞められたときに、「言葉が出てこなくなった」とか仰っていたでしょう。その率直さがすごいなって思った。僕も確かにそういうことはあったけれども、あんな年齢でそこまではっきり言えないものな。

僕みたいに、一つの番組を長い間やっていた人がそれを辞めたあとに、他の番組のひな壇に座ったりしているのは、見るほうからすると、都落ちという感じは絶対にあるよね。僕なんかは、それでもいいと思うんだけれども、かみさんにしてみたら、そういう姿は見たくないっていうのもあるみたいです。

そんな出方をするくらいなら、悠々自適に好きなことをやりながら老後を過ごしたほうがよほど格好がいいと思うよ、って彼女は言ってたんだけど、いろんな事情からそこまで悠々自適ともいかないからさ。仕事のほうもたくさんしないと。

保険会社のCMでも、血液のがんだったら、イメージがキレイだから使われやすいんだけれど、僕の膀胱がんのような泌尿器系だと、お茶の間に流すにはあまり適さないということで話が進まないらしいんです。

キャスティング候補で名前はあがるらしいんだけど、決まらない。ところが笠井（信輔）君はフジテレビを辞めたとたんに悪性リンパ腫になって、治ったらすぐにアフラックのＣＭが決まった。ギャラを見て目がまん丸くなったらしいよ。自分の給料と比べたらケタが違った。

悔しいから僕は彼に言ったの。「こんな仕事、毎年もらえると思うなよ」って。

●老後は思い通りにならないもの

――しかし、小倉さんくらい社会的に成功したように思われていても、老後はままならないものなんですね。きっと、みなさん大変ですね。

大変だと思う。僕も今、身に染みて感じてるところ。だって、老後を楽しい人生にするために金もかけていろんな準備をしてきたのが、ことごとく打ち砕かれて、今、駄目になって。76になって一人暮らしを始めるなんて、思ってもみなかったもんね。

晩飯一つ取ったって、普通の飯じゃ駄目なの。塩分とか、糖質とか、たんぱく質とかあれこれ計算しないといけない。これまではかみさんがやってくれてたわけじゃない。それがなくなるとなったら、どうするんだろうね。

――人生思い通りにいかないもんですね。

うん。かみさんには介護が必要な自分の母親がいて、その人と僕が一緒に暮らしてると、どうもあんまりうまくいかない。そんな様子を見ているのがつらいらしい。だから、さっきも言ったように、しばらく別に暮らしたほうがって、なったわけです。「あなたは趣味のものが周りにあればいいんだから、そういう生活にしてみたら」って。この年でかみさんにそんなこと言われると思わなかったもんね。76歳の夫よりも、91歳のおふくろのほうがやっぱり大切なのかなって。ただ、リフォーム後の「小倉ミュージアム」は良い出来具合で、かみさんには感謝してるけどね。

――年を取るのってやっぱり嫌ですか。

嫌だね。年を取ると、挽回する能力がなくなってくる。さっきも言った通り、かみさんが一生懸命貯めた金、これは二人の老後のためだと言って貯めた金を出してくれているわけよ。悲しいんだけど、それがないと生活ができないし、税金だけはやたらあるじゃない。

会社から借りてる金があるから、それを返すにはどうしたらいいかとかっていうこと考えて、会社からいったん給料をもらって、その給料を会社に返すみたいなことをやってるんだよね。実際の収入はなくても税金はかかってくるわけだから。固定資産税とか馬鹿にならないよね。馬鹿でかい家を買っちゃったりなんかしたもんだからさ。

●追い詰められて生きることに真剣になった

――そういう尽きない悩みに対しても、気力とか必要なわけじゃないですか。どうやって自分を奮い立たせているんですか。

今、だから、真剣ですよ。生きてくためにどうするのかっていうことに対して。音楽の聴き方が前よりも真剣になっちゃったりとか、テレビの見方が真剣になったりした面もある。以前なら流して聴いたり見たりしていたのが、今はしっかり聴こう、見ようとなった。

ただし、その成果を発揮する場は今のところないわけです。それをどこかで発揮できる場があれば、まだやれるんじゃないかっていう、自信はあるわけですよ。でも、それが命取りになるんだよね。思えば、若い頃から自信過剰な部分があったのかなあ。

先を見ないで、自分の将来のいいところばっかり頭に思い浮かべながらそれに向かって歩いてきたのが、あるときにぽーんとレールを外されちゃった。

コロナ禍、自分の病気、「とくダネ！」終了って、三つ全部同時に来て脱線しちゃった感じです。体の調子が良ければいいんだけど、数値はどんどん悪くなっていくっていう。薬の量ばっかり増えちゃって、先生と相談して、どれを減らそうかみたいなことをやってる状況でしょ。

一方では事務所の形態がちょっと変わるから、これからの仕事はどうしますかみたいな話になると、今はどこまでやれるか分かんないよって言うしかしょうがないんですよ。「テレビの仕事やってくれませんか」というお話に対しても、大分元気になったからやれるとは思うけど、いつまたおかしくなるか分かんないし。

かみさんは、少し前までは僕が衰えているのを見て、「もうテレビの仕事やめてくれ」って言ってたんだけど、最近ちょっと元気になってきたのを見て、「元気なあなたを見せられるんだったらやってもいいと思う」と言っています。

一方で「もうどんどん衰えていくだけしか見せられないんだったら、さらし者になるだけだから、やめたほうがいいんじゃないですか。あなたの好きなものに囲まれて生きていくのは、あなたが一番やりたかったことだから」とも言ってくれていて。

僕も最初はそれでいいと思って飛びついたんだけど、あれは体のいい別居宣言だったのかなあ。

お義母《かあ》さんがもしも亡くなったら、自宅に戻ってくるのかね。でも、今の家にはもうかみさんが住める広さはないしね。だって全部、物で埋まってる。

●老後の予定は狂うもの

――趣味の物に埋もれて暮らすのは、理想の隠居だとは思えないですか。

これは理想の隠居じゃないね。僕の考え方も変わってきているんだと思います。

老後の楽しみなんて本当に思い描いているほど楽しかないよ、って言いたいよ。お金を子どものために使うとか、老後のために、二人のために使うとかっていって残すのもいいのかもしれませんけど、それよりも若いうちにやれることがあったら、やったほうがいい。

だって、海外なんて体が言うこと聞くうちに行かないと。今、僕に海外行けったって行けないもん。歩くのもきついしさ。ワインのおいしいとこ行ったって、自由に飲めないわけじゃない。

かみさんは、「私は母のことがあるから行けないから一人で行ったら」とまで言うんですよ。「今こそあなたの好きな人と行ったら楽しいと思うわよ」だって。

でも今この体だから何もできねえだろう。そんなとこに好きな人と行ったって嫌われるだけだという……。


――やりたいことは老後に、なんて考えるんじゃなくて思い立ったときに行動してお

いたほうがいいってことですね。

うん、そう思う。老後は理想どおりにいかないと本当に思う。映画のＤＶＤとかＣＤとか封を切ってない、ビニールでパックされたまんまのやつとかあるんだよ。後でゆっくり見よう、聴こうと思ってとってあったもの。

それをそのまま封を切らないで死んでしまうんじゃないかとかって最近思うよね。本だって読んでないものもあるわけじゃないですか。そこに置いとくだけで何か安心とかって、何かあったときにいつでも引っ張り出せるとかって思ってるけど。それがどうなんだろうなって。

――老後の予定は狂うんですね。

老後の予定は狂うね。本当、体は気をつけなきゃ駄目だね。ただ、がんは二人に一人というくらい、みんなやることだからね。

●幸せは死ぬときに振り返って思うものだ

――小倉さんの場合、仕事し過ぎちゃったことが健康を害した部分もあるようにも思います。もしもう1回人生を歩めるとしたら、仕事をセーブするのか、それとも同じようにやっぱり仕事をがむしゃらにしちゃうか、どっちですか。

昔はそういう質問をされると、もう一度自分の人生やり直したいから、同じ自分で生まれたいとか言っていたんだよね。それが最近は簡単に答えられない。生まれ変わったら何になりたいですかって言われても、〝生まれ変わるわきゃねえもん〟って思うわけよ。だんだん偏屈なじじいになってきているからさ。

病気して、いろんな取材で最後に必ず聞かれるのは、「小倉さん、今後の目標というか、人生をどういうふうに送ろうと思ってますか」という質問なんだよね。

でも、目標立てたって目標どおりいかねえだろうって思ってしまう。親父がよく子どもの僕に言って聞かせてたもんです。

「智昭、幸せというのはな、死ぬときに自分の人生振り返って、俺は本当に幸せだったなって思うのが幸せなんだぞ。その場で幸せだと思っても、決して幸せだとは思うな」小学生にそういうことを言うんだから、すごい親父だったと思いますよ。

――その「死ぬ間際にどう人生振り返るか」っていう言葉はまだ小倉さんの中に残ってるんですね。

残ってるね。今になって、それが真理なのかも分かんないと思うよね。本当にその時々で、幸せだ、好きな人と一緒にいて嬉しいなって思うときはあるし、仕事が順調で、経済的にも楽になって好きなことができて、俺って幸せだよなって思うこともそれはありますよね。

そういうのがないと、人間、仕事なんかやってけないからさ。でも、それを後になって振り返ったときに、あのときは本当に幸せだったんだろうかって、いろんなことを思い始めるんだよね。

未来がないから、過去を振り返るしかしょうがないのかな。僕みたいに楽観的で前向きな人間が、こういうふうになっちゃうっていうのがまず信じられない。

だって一人で風呂入ってて、〝俺このまま死んだら誰も気づかないな〟とかって思うこともあるんだから。

――不安ですか、それとも寂しさですか。

何だろうね。そういうことを考えないですむ人は幸せなんだろうな、きっと。いまだに思うんだよ、「世界陸上」を見ていると、〝何で俺、もうちょっと学生時代に陸上を真剣にやっとかなかったんだろう〟って。世界陸上に出られたら良かったなあとか。そんな50年以上前のことが後悔になって頭に浮かんだりするんですよ。

昨日もかみさんと話したんだよね。彼女は今でも自分がやってきたスポーツや習い事の夢を見るんだけど、ことごとく失敗する夢なんだって。

ところが僕は夢の中で失敗することがないんですよ。陸上競技の夢を見てもすごいですよ。オリンピックの走り幅跳びに出て、跳び上がったらそのまま着地しないんだから。ずっと跳んでいて、さて、どこで下りようかということを夢で考えているという調子。今でもそういう夢を見るんだよね。

――そこは楽観的なままというか。

楽観的なんだよ。人間がそういうふうにできてるのかも分かんないけど。

でも、そういうかみさんだから、一つ一つきちんと決まったことをやってくれるわけで、それを見るとすごいと思うんですよ。時間に合わせてバリバリバリバリ進めるからね。もう60歳も過ぎたというのに。引っ越しの準備だって一人でやって、行ったり来たりして荷物運んで、結局、引っ越し屋さんに頼まなかったですからね。

リフォームの段取りにせよ何にせよきちんとやっている。今になってみれば僕が自由に使っちゃったお金を本当は全部、彼女に預けておけば良かったと思う。本当に。

――ああ、さすがに無駄使いしたなと思っているんですか。

好きなことをやるために後先考えないで使っちゃったもんね。欲しいものは買っちゃったから。

オーディオなんて、自分の耳の能力に限界があるんだから、何で聞いたって大して変わりないだろうなと思いながらも、いいのが出るとついつい買っちゃう。その際に古いやつは下取りに出せばいいのに、もったいなくて下取りに出せなくて、全部自分で持ってるから、とんでもない荷物になってきちゃうわけですよ。そういうところが駄目ですね。ゴルフでもカメラでもそう。いいものが欲しくなって。

――戻れるなら何歳に戻りたいってありますか。

高校ぐらい。さっきも言ったように、陸上をやってオリンピック行きたいもんですね。フリーのアナウンサーとして、オリンピック関連の仕事はずっとやらせてもらったんだけど、結局、外部の人間は実況はできないんですよね。陸上競技の実況とかはやりたかったなと今でも思う。選手としての限界というのは自分が分かってるから、それよりも実況をやりたかったよね。テレビ東京にずっといれば、2回ぐらい実況を担当できたのかも分かんないけど。

――その場合は、当然「とくダネ！」もなかったでしょう。

なかったね。スポーツアナウンサーでオリンピックって局を代表して行くわけだから。

――小倉さんの人生は端から見れば順風満帆です。でも本人の中ではそうではない？

ここ3年ぐらいで本当にいろんなものが音を立てて崩れてった。そこでやっぱり、病気っていうのと、何もできないもどかしさっていうのがこんなにもつらいものかなっていう。若い頃、フリーになってしばらくは仕事がなかった時代もありました。でも、そのときのもどかしさと違うからね。

あの頃は、「俺は仕事が来たら絶対一流になれる」って、妙な自信を持ってやっていたし、そのための準備をしてたわけですよ。今は準備したってしょうがないし、準備そのものができない、という点がありますから。

我ながら特別な能力があったとは思っていないけれども、自分なりの自信を持てたというのは、いろんなことの積み重ねだと思います。（小倉）

≪2 吃音の少年がいかにして実況のプロになれたのか

自分の中に話の〝引き出し〟を作るために、週に70冊の雑誌に目を通していた時期もあるんですよね。（古市）

●吃音が悔しくて悔しくて仕方なかった

——小倉さんがもともと吃音だったけれども、克服して今日に至ったというのはこれまでにもよくお話ししていますよね。

いや、克服はしていないんです。今でも、女房と話したり、マネジャーと話したり、気を緩めて話したりするときは、もうすごいよ。録音を聞き直すと、ああ、こんなに俺どもるんだって思うくらい。番組でも、自分の想定しなかったことが突然起こった場合、必ず頭の言葉がつかえますね。出てこない。

そう見えないのは、普段はいろいろなことを想定して身構えているから。だから気楽に話しているようだけど、案外気楽に話してないんだよ。呼吸法とか発声を考えておかないと、やっぱりすぐ、どもってしまうんで。

――吃音からアナウンサーというのは、逆張りの選択だなという感じがします。

でも、しゃべる仕事の人の中には意外といるんですよ。小川宏さんがそうでしたよね。落語の三遊亭圓歌師匠（三代目）もそうです。講談師の田辺一鶴さんもそうだったかな。わりあい話を職業とする人で吃音の人はいますよね。

僕は自分の吃音が悔しくて悔しくて……だからしゃべる商売に就きたいと思ったんですね。

逆張りというのか、逆境に強いというのか、負けず嫌いだったんですね。高校生の時に足が遅いのに、陸上部でがんばって短距離走の選手になって100メートルでインターハイに出たのもそれ。

――吃音はともかくとしても、子どもの頃から話はうまかったんですか。

うまくないよ。だって、しゃべれないんだもん。秋田で生まれて、小学校2年まではそこで育つわけです。

これは親父が帝国石油で石油の仕事をやっていたからです。秋田に当時、日本で一番大きな油田、八橋《やばせ》油田というのがあったことなんて知らないでしょう。昔は教科書に載っていたんだよ。秋田の八橋油田が日本一産油量が多い油田だと。

昭和天皇が秋田の視察に見えたときに、油田を案内したのはうちの親父だったんだよ。両切りのピース（タバコ）をもらって喜んでましたよ。「これは吸えない」って言って大事にしていました。その後、石原裕次郎が映画のロケで、その油田を使ったんですよ。そのときも親父が説明をしたんだよね。そんなことを偉そうに言っていたけどね。

ともかく、小学2年生のときに、父親の仕事の関係で東京の新宿のど真ん中の小学校に転校させられるんだよね。新宿6丁目にある天神小学校。

転校したものの、口から出るのは100％秋田弁でしょ。ラジオしかない時代で、そのラジオは親父が浪曲を聞くためのものだと思っていた。だから標準語の放送って聞いたことがなかったんだ。

だから本当に標準語が全く分からない状態。

しかも引っ越してきた頃、小学生のときは、それこそア行が駄目だったのよ。でも自分は「秋田の小倉」でしょう。自己紹介からつまずくのよ。「秋田から来ました〜」って言うことができない。

それでついたあだ名が「ドモキン」だったんだ。目がギョロギョロしていてデメキンみたいなうえにドモっていたから。うまいことつけるよね。

●夢ではなく目標を持て

——その汚名返上は小学生の段階である程度できたんですか。

いや、汚名は返上してないんだよ。これはよく話すエピソードなんだけど——七夕の短冊に願い事書くじゃないですか。小学校のときは、ずっと「どもりが治りますように」って書いていた。でも、それで治るはずがない。それで小学校5年生のときに、親父に、

「たなばたの短冊なんかうそだ。どもりなんか治らないもん」

って言ったら、親父がそのときに言ったんだよ。

「智昭、夢は持つな」

小学校5年の男の子に、ですよ。親父はこんな風に言っていました。

「夢は持つな。夢は夢で終わるんだ。夢はかなうというのは、夢がかなった人しか言わないことで、夢がかなわなかった人はそんなこと言わないんだ。夢なんか持たなくていい。目標を持ちなさい。目標だったら自分に合った目標を持てるだろ。その目標を達成したら、次の目標を考えればいいじゃないか」

これが小学校5年のときの親父の教え。いまだに、それは印象に残っているの。

――小学5年生の子に言うにしてはシビアな教えですね。

シビア、シビア。

――お父様は現実主義的な方だったんですか。

わりあい現実はしっかり見てたよね。もともと典型的な技術屋さんだったからさ。理論的に物事を考える人で、あまり感情に流される人じゃないんだよね。

もし僕が、小学5年生くらいの子どもに聞かれたら、同じことを言うと思います。

「夢を持つな、目標を持て」って。親父の受け売りですが、たしかにそうだなと思う。

吃音に限らず、子どもの頃はいろいろうまくいかないことがあってさ。演劇をやってみたいっていう気持ちがずっとあって、舞台に出てセリフを言えればいいなと思っていた。

小学校1年生のときの全員参加の学芸会は、親父も会社休んで見に来たんだよ。終わった後、「お前はどこにいたのか」って聞かれて、「木を持っていた」と答えたのを覚えています。今にして思えば、それはクラスの先生が、気を回したんだと思うんだよね。木を持つだけなら大丈夫だろうって。

そういうことは東京に出てきてからもありましたよ。クラス単位で昼休みに放送劇をやったりするわけですよ。あるとき、「マッチ売りの少女」をやることになった。

東京の先生は、セリフが少なくてもいいから、僕に何か役をやろうと思ってくれたんでしょう。マッチ売りの少女からマッチを買う役をやることになった。

「このマッチいくらですか」

セリフはこれだけ。それでも本番の1週間くらい前から、「このマッチいくらですか」「このマッチいくらですか」って学校の登下校中に何回も何回も繰り返してさ。よし、これだったら言えるかなと思ったよ。

本番になって、だんだん出番が近づいてくる。ついに僕の番が来て、「こ」って口にしようとしたら、全身が緊張してしまって「こ」が出てこないんだ。当然、そのあとのセリフも出てこない。

その様子を見ていたマッチ売りの少女が「1円ですから」って、僕に聞かれる前に言ったんだよね。

それでセリフがなくなっちゃって……泣きながら家に帰ったことがありました。

そんな様子をおふくろが見るに見かねて、治療に行かせようとしたんです。昔を知っている方ならわかると思うんだけど、当時は街の電柱に、いろんな広告があった。「ヒロポンあります」なんてのもありましたね。

そういうのと同じような感じで〝赤面対人恐怖症治る〟〝どもりは治る〟というようなことを謳った広告もあったんです。母親がそういうのを見て、「夏休みに行ってみよう」とか言うんだよ。でも、〝いやだ。自分で治したい〟と思って、僕は絶対動かなかったですね。

それで実際に、自分自身でいろいろ考えて、自分なりに気がついて編み出したことはあります。

●独り言と歌はどもらないと気づいた

――自分なりのやり方って、どういうことですか。

もとはといえば、独り言はどもらないっていうのに気がつくんですね。相手がいるから必ずどもるんですよね。事前にやりとりを考えたり、何かを伝えようとしたりすることでどもるんですよ。ただ、一人で話すのは、自分で好きなペースで話せるじゃないですか。だから、どもらない。

それから学校で教科書は案外、読めるんですよ。結構うまく読む。

一番大きかったのは、歌はどもらないというのに気がついたこと。話すときとは呼吸法がどこか違うんじゃないかとか、メロディとかリズムがあるからどもらないのかとか。

自分でいろいろ考えたものです。

小学校の途中で親父がまた転勤して、秋田に戻るんですが、そのときの担任の先生の存在が大きかったです。NHKの放送劇団にいたことがある先生で、僕が演劇のセリフを言ったりするとわりあい評価してくれて、地元のNHKの児童劇団に連れていってくれたんですよ。「やってみたいか」って訊かれて、「やってみたい」と。それで演劇をやらせてもらったのが一番大きなステップになりましたかね。

マイクの前で話すと、これは意外に話せるかも分からないという気持ちになれた。僕の場合はちゃんとした本番の番組には出ていませんが、演劇の稽古には参加していた。「少年探偵団」とか放送したものの焼き直しを稽古していたんですね。

セリフは多くなかったけど、やっていくうちに自分で、ああ、こういうことだったらできるのかなって気がつくようになった。それからは積極的になっていって、中学のときに弁論大会に出たりとか、生徒会に立候補して演説してみたりとか、そういうことができるようになる。

このあとまた中学校から東京になって、それ以降は東京です。

もともと性格は小さいときから、そんなに内向的じゃないんだよ。しゃべれないから引っ込み思案にはなるんだけど、内向的とは違って、できれば表に出てって騒ぎたい。自分の強いことでお山の大将になるのが嫌じゃなかった。マラソンなら負けないぞ、とか。

だけど、吃音があるのにしゃべりすぎるのも周りに迷惑だからね。本当に周りの人のペースを考えたら、そう思いますよ。

それにひどいのは、僕の子供の頃は、「どもりはうつるから」なんてことを平気で言う人も珍しくありませんでした。「どもりの真似したらどもりになっちゃうよ」という意味なんですが、実際に僕の周りの子はみんな言われたんじゃないかな。「智昭ちゃんの真似しちゃ駄目よ」とかって。でも、真似する子はいたけどね。

僕は人の真似したわけじゃなくて、気がついたら吃音だったんで何が原因なのか分からない。

●田原総一朗さんとは古いつきあい

——僕もどもっちゃうことがあるんですけど、人の悪口を言うときはどもらないですね。

古市君は、何でそうなったんだろう。

——いや、分からないんです。でも子どもの頃からですね。

でも、古市君のは全然気がつかないよね。分からない。僕としては、滑舌の悪さのほうが気になる。古市君は何言っているか分からないときもある。面倒くさいから聞き直さないけど。だいたいこういうことだろう、と推測して。

——滑舌は訓練したらよくなるものですか。

滑舌はよくなるよね。発声練習とかやればね。でも無理する必要は無くて、嫌じゃなければやればいい、というだけだよ。

――そういえば、「滑舌がよくなったら余計炎上しちゃうよ」と言われたこともあります。

モゾモゾ言うから聞こえていないということね（笑）。

――長年「朝まで生テレビ！」で司会を務める田原総一朗さんも、滑舌がいいとは言えないですよね（笑）。でも言葉の歯切れはよくて、みんながハッとするようなことを言う。田原さんも滑舌がよかったらもっと炎上していたかもしれません。

田原さんは、結構すごいこと言う人だからね。僕はテレビ東京で一緒に仕事していたんで昔からよく知っています。

当時の田原さんの代表作の一つが「ドキュメンタリー青春」という番組。僕は新入社員だった頃、田原さんともよく仕事をしていたんです。彼は当時、赤羽に住んでいたんですよ。僕はそこから荒川を渡った先の浦和に住んでいた。

二人とも最初の奥さんと一緒に暮らしていた時期です。よく一緒に車に乗って帰りました。当時、「離婚したい」とかいろいろな打ち明け話も聞いたもんです。

その後も田原さんはなぜか僕のことをすごく評価してくれていて、よく対談に引っ張り出したり、「僕のことを一番知っているのは小倉君だから」って言って番組に呼んでくれたりする。

誰かと間違えているんじゃないか、とも思うんだけど（笑）。

僕はテレビ東京に5年半しかいなかった。田原さんより先に辞めたというのは僕の自慢です。

●予備校をサボって張り倒された

――テレビ東京時代の話はまた伺うとして、青年時代の話に戻しましょう。小倉さんは中央大学附属高校時代、陸上選手として結構活躍していたんですよね。100メートルのタイムが10秒9だったとか。そこから中央大学ではなくて獨協大学の外国語学部フランス語学科に進んでいるんですけど、そのへんは何か考えがあったんですか。

それは中央大学に行ったら、高校の続きで陸上やらなきゃ駄目だったから。もう陸上はしたくなかった。

だいたい、その高校に入れたのも中学のときにある程度いい成績を収めていたからなんです。そういう学生なので中大に進むのなら陸上部に入らなきゃいけないみたいな言われ方をしていた。どうやら実際にはそうじゃなかったみたいなんだけど。

――陸上の選手をやっていればよかったじゃないですか。さっきも後悔しているって言っていましたよね。

大学で陸上部に入るのは嫌だなと思ったのには、きっかけがあります。練馬にある大学の合宿所に、高校のときから出入りしてたんですよ。そこで汚い風呂に入れられて、先輩のインキンタムシにまみれたパンツを洗わされてさ、マッサージやらされて……。大学に入ってもまた丸坊主にされて、あんな合宿所で暮らすのは絶対に嫌だと思ったわけです。

僕が憧れていたのは上智大学。入学願書をもらいに行ったら、受付にいた女性がやたらきれいに見えたんです。四ツ谷の駅の近くにキャンパスがあって、隣接して教会があるのもおしゃれでしょ。

上智は陸上では二部校だったんだけど、一人だけものすごく強い選手がいて、その人への憧れもあった。で、上智行こうと思った。でも、高校の3年間、陸上しかやってないから、試験なんか受かるわけない。

3年生の時に、何学部も受けたけど、みんな駄目で、浪人するって言ったら、親父は「お前は何のために中大附属行ったんだ」って怒っていましたね。

まあ仕方なく予備校に行きだした。あれは何てところだったっけな、ろくすっぽ行かなかったから名前すら覚えてないんですが、ともかく私立を受験する人たちが集まる予備校に行ったんですよ。

僕はそれまで、中学高校を通じて塾に行ったことすらなかったわけ。ベビーブーム世代でみんな塾に行っていたんですが、塾も英会話教室も行ったことないし、お習字とかも行ったことないし、ただ好きなことをやってただけだったから。それで予備校に行ったら、すごい人数が大教室に入って面白くねえ話聞いているわけ。

3日間くらいは我慢できたんだけど、すぐに〝ここは俺の来るところじゃない〟って思うようになってしまった。以来朝6時半に家を出て、ウロウロして永福町の図書館が開くのを待って入る。図書館にいると勉強した気になるんですよね。実際は、図書館にある本を一生懸命むさぼり読んでいるだけなんだけどさ。それで昼になると、ちょっと走ろうかなと思って、東京体育館の横にトラックがあったんで、そこで毎日走ってた。

そんなことをしていたら、浪人生なんだけど、東京の国体予選で1位になっちゃって、日本陸上競技連盟から、国体に参加せよという通知が来たんですよね。それを親父が見ちゃったんですよ。

「お前、これは何だ」

「国体に今度出ることになった」

そう言ったら張り倒されてね。

「お前は何のために予備校行っているんだ。お前はまだ走ってたのか！」

結局、〝今回だけは出てもいいけど、その代わり今度受験に失敗したら、もう父さんは知らない、自分で勝手に大学行け〟ってことになりました。

でも、次の受験でもまた上智を落ちるわけよ。それでさあどうしようかなと思って、受験雑誌の「螢雪時代」を見ていたら、きれいな広告が出ていた。「学問を通じての人間形成の場、獨協大学」なんてコピーで、カップルの学生がブックバンドで本を持って、中庭かなんかで芝生の上を歩いている写真が出ていたわけ。それを見て、「ここにしよう」って、獨協なんて知りもしないのに決めた。

新宿の紀伊國屋に行って、入学願書もらって英語学科を受けました。試験の日まで獨協には行ったこともなかったんですが。

でも、ここも合格しないわけ。何も勉強してないしね。獨協の試験というのは英語でA、Bというのがあって、Aは中学くらいの英語、Bは高卒程度の英語。Aはできるんだけど、Bは僕には難しくて。あとは作文と面接もある。作文と面接は結構、自信があったから、大丈夫なのかなと思っていたんですが、駄目でした。

不合格ではあったんですが、その後、「フランス語学科にならば補欠で合格できます、どうしますか」という通知が来ました。それで、何でもいいやという感じで決めた。ひどいよ。英語学科受けたのに、フランス語学科に入っちゃった。

そんなわけで僕は獨協のフランス語学科の一期生になったんですよ。俳優の根津甚八も同じクラスにいましたね。

●バンドで飯を食いたかった

——大学ではちゃんとフランス語を勉強したんですか。あんまり小倉さんにフランスのイメージはないですけど。

勉強したっていうか、1週間に36時間もフランス語の授業があったら、多少は分かるようにはなるよね。ただ、大学では陸上やりながらバンドもやっていたから忙しくてさ。形の上では卒業したけど、どうやって卒業したのか、振り返ってみてもいまだに分からないんだよ。

獨協って自由な大学で、すごく面白かった。朝早く行って、研究室でコーヒーいれて、先生とワイワイ話したり。キャンパスライフそのものはものすごく楽しかったですね。大学3〜4年の頃は、とにかくバンド活動が忙しくてさ。アマチュアのバンドながら自前の楽器も持っていたし、車も持っていた。当時としては、しっかりしたバンドだったんですよ。

当時、銀座の数寄屋橋の交差点のところに阪急デパートがあって、その屋上にビヤガーデンが二つあったんです。真ん中で仕切りがしてあって、サッポロとアサヒがそれぞれ1500人ずつ入るビヤガーデン。両方にバンドが入ってて、僕はアサヒのほうで、2、3年やっていましたね。

当時はデビュー間もない頃の和田アキ子さんや松崎しげるさんのバンドと交互に出たりとかしていました。

学生バンドとしては、かなり稼いでいたほうです。テレビ東京の初任給が3万4500円だけれど、僕はもう入社する前に貯金が100万円近くあったんだ。

僕はそのままバンドで食っていきたかったの。ステージで司会やってもウケるしさ。結構みんなが喜んでいたし。

特にコミックバンドをやりたかった。本当の楽器演奏もうまいコミックバンド。クレージーキャッツなんかも演奏がうまかったけど、ああいうのをやりたかったんだよね。ところが、一緒にやってたメンバーが就職をどんどん決めていきましたから。それで僕も就職を考えなくちゃいけなくなったんだけど、アナウンサー試験が残っていたのはフジテレビと文化放送だけだった。

――ということは、その時点ではアナウンサーになると決意していた？

いや、心に決めてたっていうよりも、絶対筆記じゃ合格するわけがないから、何とかごまかす方法として、しゃべるしかないと。

フジテレビは幸いなことに、英語の試験があるとはいえ、大学での第一外国語がほかの科目の場合はちゃんとそれを受け入れてくれたんですね。しかもフランス語で試験をやるわけじゃなくて、フランス語が第一外国語ですよと示すだけで、英語はおまけしてくれることになっていたんだ。

フジテレビは当時、応募者が1万4000人くらいいて、狭き門だったんだけど7次試験までは順調に進んで最後の6人に残ったんです。その人たちと顔を合わせて話していると、みんなどの地方局受けたとか、どこはどこまで残ったとかって、言っていることがすごいんだよね。

僕はアナウンスの勉強も専門でしたことないし、それまで試験も受けたことない。アナウンサー試験がこういうもんなんだっていうのをそこで初めて知ったくらいだから。

でも6人まで残って、他の人を見ても大したことない気がした。当時のフジテレビはまだ（新宿区の）河田町にあって、試験のあとに一緒に新宿までバスに乗ったのが、須田哲夫でした。彼はフジテレビに合格し、入社してすぐに「3時のあなた」のサブ司会をやったり活躍するわけです。でも、バスで一緒になった彼は眉間にしわを寄せて暗い感じなんですよ。

だから、〝こいつが合格するくらいなら俺だろう〟なんて思っていたんだけれど、結果は逆でしたね。

まあ僕は当時、フジのキャッチフレーズだった「母と子のフジテレビ」すら知らないという調子だから、思えばひどいものです。あれじゃあ絶対役員面接は通らないと今なら思うものね。

しかも、作文もまずかった。テーマが「民主主義」。当時は履歴書に支持政党を書くことになっていて、当時の僕なんかは日本社会党でしたからね。

作文では、「民主主義は多数決制が基本だとは思うけれども、民主主義こそ少数の意見をやっぱり参考にしなければいけない」というようなことを書いたんですよ。フジテレビはご存知の通り、産経新聞と同じグループでしょう。役員面接で聞かれることはそのことばっかりなんだ。

「小倉君、君の作文、これを読ませてもらいました。君、10チャンネル（テレビ朝日）のニュースはどう思いますか」

「どう思いますってどういうことでしょうか」

「10チャンネルは時には三派全学連的な見方をする。それに比べてフジテレビのニュースはどうかね」

要するに、テレビ朝日は左がかっているけど、どう思うってことです。それで。

「フジは保守的ですね」

って言ったんだ。そうしたらどうも役員の反応がよろしくない。それであわてて、

「でも民間放送だから仕方がないと思います」

ってフォローしたの。もうそのときは遅かったね。ものの見事に落とされて。

アナウンサーとしての力というよりも、政治的なスタンスとか意見の問題で落ちたんだと思いました。

それで学んだから、次にテレビ東京を受けたときは、もう「支持政党・自由民主党」って書きましたよ。

●入社したとたんに組合運動に参加してしまった

——小倉さんが大学生だった頃は、学生運動が盛んでしたよね。全員が参加したわけではないといいますが、小倉さんはどうでしたか。

当時、獨協大学でも学園闘争があって、天野貞祐さんという学長さんが、学外追放だ何だとつるし上げにあって、辞めたばかりだったたんです。この人はカント哲学の研究者で、文部大臣もやったことがある。つまりは政府側に近い方だったんですね。テレビ東京の面接で役員が、この天野先生の件について聞いてきました。僕は、「天野先生あっての獨協大学だと思いますから残念です」なんて言ったんだけど、本当は僕も「天野は出ていけ」ってやっていた側だったんだよね（笑）。

その頃は今と比べ物にならないほど、左翼とか組合が強い時代でした。面接での答えがうまかったのか、人事部は「小倉は組合に入らないと思います」と太鼓判を捺《お》してくれたらしい。それもあってテレビ東京に入社できました。

当時テレビ東京は首切り撤回闘争があって、何人かの社員化を要求するなど、ものすごく組合が強かったんですよ。それだけに人事は、左翼的な学生を避けたかったんでしょう。

でも、研修期間中に僕だけ組合に入っちゃったの（笑）。ひどい話なんだけど。入ったとたん、組合内では「小倉は熱心だ」とか言われて、いきなり代議員までやらされた。その頃起きていたのが、日本フィルハーモニー交響楽団に関する闘争。もとはフジテレビと文化放送がスポンサーをやっていたんだけど、もう持てないから手放そうとした。それに対して、日本フィルの団員の首切るな、というような闘争があったわけ。それで僕も組合の街宣車に乗ってフジテレビの中庭でアジっていたんですよ。

――バンドばかりやっていたんじゃないんですか。運動にも関わっていた？

たしかに学生時代にはバンドが忙しかったし、学生運動も革マル派とか中核派とか、過激化していたので、そのへんにはついていけなかった。多少は全共闘への心情的な支持はあったけど、全共闘もちょっとおかしくなっていた時期ですね。

それでもああいう時代だから、学生運動の現場に行くことも多少はあったんです。機動隊の鉄板の入った靴って、ぶつかると痛いんですよ。あっちは弁当でステーキとか食ってるんだよ。こいつらには絶対かなわないと思った。当然ひるんじゃったけど。

そういえば僕の通っていた梅丘中学校って、日教組の拠点校だったの。それで、最初の学力テストのときに、校長を化学室にカンヅメにして、生徒が学力テストをボイコットしたことがありました。朝日新聞の一面を飾った事件です。「世田谷の梅丘中学校、学力テストボイコット」と。

組合所属の先生たちは、生徒たちに人気のある人が多かったですね。でもその事件で3人が免職になり、ほかの人も処分を食らって、という調子で先生いなくなっちゃったんですよ。

高校に入ったときも、やっぱり裁判のときに、闘争支援で一生懸命裁判所行ったりとかさ。エンタープライズ入港反対で佐世保まで行ったこともありました。新宿騒乱事件のとき、輪の中でギター弾いて歌ったりもしてましたよ。

あの頃は、それがやっぱり何か自分が政治に参加しているという思い込みみたいな、かっこいい感じに見えた時代でさ、多かったわけですよ。そういう人たちがいつの間にか、なぜか逆の方向に進むというところが面白いね。太田英昭（フジ・メディア・ホールディングス元社長）なんかそうだからね。

――その「運動」経験ってその後に関係していますか。

どうだろう。メディアは常に在野精神を持ってないといけないし、自分もそういう精神を持ち続けたい、とは思っていますよ。そういうところは影響があるんじゃないでしょうか。

もちろん、政府がやることでもいいものはいいと思うよ。ただ、１００％いい政治なんていうのは考えられないわけで、常にそれに対してどうしたらいいんだ、我々はどう考えたらいいんだっていう批判の精神も持ってないと、政治なんて良くならないと思うから、そういう気持ちではずっとバランスは取ってきたつもりです。

そのスタンスで一番強く自分の意見を叫んでいたのは、小泉政権の頃かもしれない。小泉さんの支持率が80％以上になったときに、「とくダネ！」で、これはおかしいだろう、という話をしたんですね。

「一国の宰相の支持率が80％以上なんて独裁国家になりかねない。これはおかしいでしょう」ということは盛んに言いましたね。他の人はテレビでそういうことをあまり言っていなかったかな。でも、世の中が一方向に向かっていくのには、怖さみたいなものを感じていました。

●原発事故の報道で局と大喧嘩

――番組でそういう姿勢を打ち出したことは他にもありましたか。

東日本大震災後の原発事故のときは大喧嘩しましたね。

それまでもオープニングトークで、わりあい「あいつはリベラルだ」と思われるようなことは言っていた。結構厳しいことも言ったかも分からないけど、プロデューサー連中が盾になってくれていたんです。小倉には好きなことを言わせたいという考えがあったんで、僕は守られていたわけですよ。

あの東日本大震災のとき、福島第一原発の周辺歩いてみて、いち早く浪江町から中継をやったんですよ。まだ多くの番組が怖がって行かなかった頃です。浪江の人たちは、「とくダネ！」が来てくれたって大喜びしてくれました。

しかし、もう原発がメルトダウンしていることは分かっているわけでしょう。にもかかわらず、そういうことに触れると局長が飛んできて、

「小倉君、フジテレビの方針知っているだろ」

と言うんです。

「分かりますよ。原発を推進するのは分かりますけど、でも今この状況で原発は続けなければ駄目だとか、推進しましょうって言えますか。僕には絶対言えません」

そんな風に言って喧嘩したのを覚えている。

親父がエネルギーの問題をずっと扱ってきたこともあって、僕も子どもの頃から関心は強かったのかもしれない。新潟の天然ガスを東京までパイプラインで引っ張ってくるというのも親父の考えだったし、帝国石油が原油がもう枯渇するから製油に重点を置くといって、新潟に作ったプラントの設計をしたのも親父です。親父はそこの製油所の初代の所長になったくらいなので、エネルギー問題にはすごく詳しかったし、彼はそれが

専門だったんですよ。

ＮＨＫ「ファミリーヒストリー」で見て、親父の仕事を改めて知り、びっくりしちゃったんだけど。覚えているのは、親父がよく、〝日本のエネルギーは絶対枯渇するのは分かっているから、今後は何に頼って生きていけばいいのか、真剣に考えなきゃ駄目だ〟って言っていたことです。小学生の頃からそういう話は聞いていました。

ある時、油田に連れて行かれて、こんなことを言われたんだよね。

「智昭、ここにあるものはほとんど石油で作られてるのは分かるか。みんな石油が入ってるんだよ。石油がないと今の世の中、物なんか作れないんだ。その石油はやがてなくなるんだよ。どうする？」

そんな難しいこと、子どもに分かるはずがない。

「これからは絶対に原発の問題が出てくると思うけど、原発は１００％安全を確保しないと、何が起こるか分からない。それをエネルギーとして当てにするのには、父さんは反対だ」

とも言っていたね。石油に替わるものを何か生み出さなきゃいけない。そう言ってたんで、そういう教えというのはすごく残っているんですよね。

――お父さんの影響は強いんですね。

僕、やっぱり親父を越えられないと思っている。最も尊敬する人間はずっと親父だし。「ファミリーヒストリー」でその人生を見せられてから、特にそう思うようになっていったね。全然知らないことを取材して見せてくれた。

親父がボルネオにいたのは知っているんだけど、その細部まではよく知らなかった。軍部から「日本の石油がこのままだとなくなるから、お前ボルネオで石油の掘削やってくれ。若い連中を1000人くらい引き連れて、責任者としてボルネオで油田を見つけろ」と言われて、実際に向こうで油田を掘り当てたんです。その油田、いまだにインドネシアは使っているんだよね。

その後に終戦を迎える。若い連中が多かったから、早く日本に引き揚げなきゃ駄目だと考えて、そのうちの800人くらいを引揚船の最初の1便に乗せた。自分たちは後で行くからお前たちは早く日本に帰れ、ということです。

ところが、その船がインドネシアを出て間もなく爆破されて、乗員は亡くなったんですよね。そんな話を僕は知らなかったわけよ。親父はその話は一切しなかった。それは親父にとっては大きな……何だろうな、汚点とは言わないまでも、ずっと気になっていたことなんだろうと思いますよね。

自分が亡くなった後に、子供たちにこれを読んでもらえれば俺はそれでいいって言って、台湾の学校に卒業論文でそのことを書いて残しているんですよね。それをＮＨＫが掘り当ててくれて、それで初めて知ったんだけどさ。こんなにすごい人だったのか、と。

●競馬場でのランニングが仕事に活きた

――話を就活時代に戻します。いくら何でも組合活動をしなさそうというだけでテレビ局に入社できるわけはないと思うんですが。

そりゃそうだよ。そもそも大学４年生のとき、テレビ東京の就職室に連絡をしたら、「獨協大学は受験資格がありません」って言われたの。「何でですか」って聞いたら、「まだ新しい大学だし、埼玉の大学だから」と言うの。ひどい言い方だなと思って。「ああ、そうですか、それじゃあしょうがないですね」って言って電話を切ったんだけど。

その後、フジテレビも受けたけれども、1カ月試験で振り回されて落ちたでしょう。その試験終わったときに、もうアナウンサー試験が残ってなかったんですよ。

ところがテレビ東京が新聞に「アナウンサー募集」というすごく小さな広告を打っているのに気付いたんです。聞けば、春に僕が受けられなかった採用試験のときに、結局、適格者がいなくて採らなかったんですって。

それでチャンスがめぐってきた。しかも試験の際のフリートークのテーマが競馬だったんです。競馬をテーマに3分間話せって。

僕は競馬場のある府中市に住んでいたし、走る場所がないから競馬場で走ったりしていたんですね。それで馬が好きになっていて、土曜日曜はほとんど競馬場へ行っていた。別に馬券を買うためじゃなくて、シンプルに馬が可愛かったから。でも、それで2000頭はいる中央競馬の馬の名前とか馬主とか、ほとんど言えるくらい覚えていたんです。だから当時の大学生じゃ考えられないくらい競馬に詳しかった。

その甲斐《かい》あって、フリートークの段階で、小倉を採ろうということになったんです。

合格したあとに、僕はテレビ東京の人事部に「1回目のときは、獨協は埼玉だから受験資格もありませんでした。来年からは採ってください」と言いに行きました。向こうも「分かった」と。それで本当にしばらくの間、4年くらい獨協から採ってくれました。

――それで入社してすぐに競馬中継の担当者になったんですよね。


新人研修をやっている間に競馬場に連れていかれた際、先輩が面白がって、12頭立てのレースが始まる前に、僕に双眼鏡を渡して「これでしゃべってみなさい」と言った。それで、そのレースの実況をやってみたら、

「悪いんだけど、来週から実況中継やってくれるか」

となった。それが入社1カ月の時。だからトントン拍子だったんですよ。

その頃、こんなこともありました。当時、フジテレビは鳥井さんというアナウンス部長が競馬の実況中継の担当。ある時、東京競馬場のエレベーターで、その鳥井さんと、僕の同期にあたる大川君というフジのアナウンサーと一緒になった。そこで鳥井さんが、

「小倉君、何でフジテレビを受けた時に、競馬をやりたいって言わなかったの?」

と言うので、

「いや、僕は競馬中継をやりたいとは思っていなかったんです」

と言うと、

「言ってくれたら、大川なんか採らなかったのに」

だって。

もちろん冗談なんだけど、実際に、僕は中継がうまかったと思いますよ。

競馬の実況をする際には、手元の紙に騎手型のスタンプを押して、そこに色を塗っていくんです。1枠の帽子が白ならそのまま、2枠が黒なら黒く、という具合に。さらに騎手の服も色と模様を描いていく。アナウンサーは、これを作ったうえで覚えて、双眼鏡で見ながらレースの実況をするわけですね。

でも、僕はそんなスタンプを用意しなくてもしゃべれた。自分で言うのもなんですが、これはすごかったと思いますよ。

――それは天性の才能のようなものなのか、それとも努力の賜物なんですかね。

自分なりの工夫はしていたから。実況するにあたってはただ馬の名前を言うだけじゃなくて、そこに修飾語をつけたりとか、馬がどういう状況で走っているのかというのを添えるようにしていました。視聴者が目をつぶっていてもレースが見えるようにというのを心がけていた。それを聞いた競馬関係者が「小倉の競馬実況はすごいよね」なんて言ってくれていた。

そんな風にやるうちに、大橋巨泉さんが目をつけてくれたわけです。

当時は、関西に杉本清さんという名アナウンサーがいて、競馬実況の名手とされていました。ただ、僕とは別のタイプで、杉本さんはいわゆる名調子が売りだったんですよ。いわば浪曲とか演歌に通じるような感じの実況。「見てくれ、この脚、見てくれ、この脚、これが関西の期待、テンポイントだ」という調子なんですね。

これはどちらかというと、予定稿で喋るやり方です。その予定稿に状況がビシッとハマッたときはすごいんですよ。ただ、ハマらないときは、声が裏返っちゃって、悪い意味ですごいことになっちゃうこともある。

僕の場合は、予定稿は全く用意してなくて、馬の動きとジョッキーの動きとレース全体の流れを見ながら、そこで何を言うべきかを常に考えながら実況していました。それから、特徴としては写真判定になっているレースでも、「ほぼ同時」という言い方はしないで、「1着○○、2着○×」と言い切る。それで間違えたことは一度もないんですよ。

最初の頃は、日本中央競馬会から呼ばれて、さんざん叱られたものです。「写真判定になっているのに1着2着を先に決めつけないでください」と。

「自分の目を信じているから。僕は絶対間違えません」と言い返したら、「偉そうに」って言われましたねえ。さんざん競馬会の人には叩かれましたけれども。

でも、ある時、珍しく「1着2着、これは同時か」と言ったことがあった。そうしたら、本当に同着だったんだよ。これが一番、文句を言っていた競馬会の人にもショックだったんじゃないかな。それ以降、あまり文句を言われなくなりましたね。

実況席のポジションがよかったというのもあるのかも分からないですけどね。でも、実況の正確さには自信があった。

たとえば馬の走りっぷりを意味する〝脚色《あしいろ》〟を見ていると分かるんですよ。普通はどうしても先頭走っている馬と、追い込んでくる馬の動きに目が行くでしょう。

でも向こう正面から3、4コーナー回ったときの脚色とか、ジョッキーの動きを見ていると、もうこの馬が勝ちそうだなということが分かる。直線200メートルくらいになったら、追い出してからの脚色がほかと全く違って、ほかが止まったように見えるくらい違うんですよね。馬が好きだったからそういうのを一生懸命見ていた。それがよかったのかもしれないですけどね。

――少し話はそれるんですが、小倉さん自身はギャンブルってするんでしたっけ。

ギャンブル、やるよ。特に若い頃は金に困ってたから。金に困っている人間が競馬するって最悪なんだけどね。金に困っているときにやっても競馬は儲かるもんじゃない。お金に余裕があったら安心して複勝とか買えるし、配当が低いものも買える。でも金がないと大穴を買ってしまう。それでは儲かりません。

競馬場にはいわゆる解説者の人たちがいて、あの人たちは何でそんなに金を持っているのかというくらい馬券を買うわけですよ。馬主さんとかもそう。

昔は馬券の量が多いと、トイレットペーパーみたいにロールでくれたんですよ、何百枚と。いちいち切らないで、ロールで。そういう人たちを見ていると、お金の感覚が違ってきちゃうね。競馬は身を助けてくれたけれども、逆に追い込まれたこともあるし。

本当につらかったな。

――せっかく入社できて、評価も高かったのに、テレビ東京に勤めたのは短いですよね。29歳の時には退社しています。何かしでかしたんですか。

ちがいます。テレビ東京は、僕が入った頃は東京12チャンネルという名前でした。もともとは日本科学技術振興財団テレビ局という形でスタートして、入社した頃がその名前。辞めて数年後にはもうテレビ東京になっていたのかな。

ともかく、そういう成り立ちだから、スタート時には全体の8割は教養関係の番組じゃなきゃいけなかった。テレビ朝日もまだ日本教育テレビという名前で、同じような感じでした。

だから競馬中継も、教養番組扱いだったんですね。めちゃくちゃな基準でしょう（笑）。

視聴率が他局と比べてかなり低くて、話題になる番組はひどいものばかり。僕が5年目くらいの頃に人気だったのが、山城新伍さん司会の「独占！男の時間」です。

土曜日深夜の生放送のとんでもないお色気番組で、笑福亭鶴瓶が全裸で走り回る様子が放送されたこともあって。それでプロデューサーが責任を取らされた。いま鶴瓶にその話すると嫌がるんだけど。

この番組に競馬の予想コーナーがあって、いつもは翌日、日曜日の予想を僕がやっていたんですね。ある時、なぜかは忘れましたが、有馬記念の予想実況を秋田弁でやってくれないか、と言われました。で、それをやったらバカ受けしたんです。

それで「小倉ってやつは相当面白い。競馬の予想だけじゃもったいないから、他のこともやらせて、山城さんにいろいろ絡ませよう」となった。それで山城さんのツッコミ役みたいなことをやっているうちに、ヌードの女性をひざの上に抱いて実況するとか、胸もあらわなストリッパーが手押し車で押されてきて、僕の上を通過していくのを実況するとか、あれこれ番組のお色気企画もやっていくことになった。

相当、面白い番組だったと思いますよ。視聴率もすごく取っていて目立つ番組で、「赤旗」ではワースト番組になっていたくらい。

当時、局の視聴率が低かったのはさっきお話しした通りで、「お米屋さん」なんて呼び名もあったんですね。これは視聴率の表で、0・1%以下は〝※〟と記されることからきていた。

そんな中で「独占！男の時間」は、10％くらい稼いでいた。だからワーストと批判されても局の側も粘っていたわけです。

でも、そのうち局内でも問題視する人も出てきて、ある時、アナウンス部長に呼ばれた。

「小倉君、昨日のあのしゃべりは何だね」

「えっ、どういうことですか」

「裸の実況するなんて、アナウンサーとしてあるまじき行為だ」

「いや、あれは自分が意図したところではなくて演出です。演出で面白くしてくれって言うから面白くしたつもりです」

こんなやり取りをしていたら、最終的に、

「ああいうことをやってちゃ困る。今後一切やめてくれ」

って言われた。ああ、この局は俺のいる場所じゃないなって、そのとき思ったの。

ちょうど同時期に、大橋巨泉さんが、僕の競馬中継に目をつけてくれて、「お前、俺と一緒にやらないか」って言ってくれていました。だから、渡りに船で会社を辞めたんです。

●フリーになったら儲かるというのは勘違い

――そこからフリーアナウンサーとなるわけですね。

ところが辞めたはいいけれども、巨泉さんがそう言った以上は何かあれこれと仕事があるのかと思ったら、ニッポン放送の競馬中継以外に仕事がないわけですよ。それでギャラはっていうと、テレビ東京時代の給料にちょっと毛の生えたくらいの金額ですからね。安い。

フリーになって初めて分かったのは、社員のアナウンサー時代って必要経費を出してもらえたわけです。1年間5万円くらいの被服費とか。

フリーになると当然そんなものはないし、競馬新聞すら自分で買わなきゃいけない。交通費も自分で払ってあとで経費として落とさなきゃいけない。

親父は亡くなる前、ものすごく心配してくれていた。

「フリーってどれだけ大変か、会社っていう組織の中にいると、それはそれで守られているからいいこともあるんだぞ」とかって。

辞めた後もすごく気にしてくれていて、隠れて競馬中継聞いたりしてたみたいだけどね。緑内障がひどくなってからはテレビがよく見えなくなっていたそうです。

そういえば、親父が死んだ後、部屋のテレビ見たら緑とか赤だとかがどぎつくて、電飾みたいなものすごい色しているのよ。一緒に暮らしていた姉に、「何でちゃんとした新しいテレビ買ってあげなかったの」って言ったら、

「バカ言うんじゃないわよ。お父さん目が悪くて、こうやらないとあなたが見えなかったからそうやってたんでしょ」

って。

これはガツーンときましたね。そうまでして見てくれていたんだ、と。

アナウンサーを辞めると言った時に、ある先輩が忠告してくれたことがありました。

「お前な、お前はまだ一人前にもなってない、入社してまだ5年だぞ。それでだいたいいくら稼げると思うんだ。

だいたいアナウンサーの給料の10倍の収入を得て、アナウンサー時代の暮らしができ

るというくらいに考えたほうがいいって、フリーになった人はみんな言っているぞ。お前は所詮12チャンネルっていうローカルな局のアナウンサーなんだよ」

たしかに当時、地方では全く知られていなくて、北海道あたりに行けば「12チャンネルってNHK教育テレビのことですか」という感じですよ。でもその先輩には、

「いや、でもいいです。何とか頑張ってやってみます。失敗したら屋台のラーメン屋でも何でもやりますから大丈夫です」

って言って辞めた。まあ後で本当にラーメン屋もやることになるんだけど。

辞める頃には、テレビ東京の中では一番仕事が多かったんですよ。「勝抜き腕相撲」なんて5分間のオビ番組もすごく数字を取っていた。だから辞められたら困ると当然言われたんだけど、強引に辞めた。

で、テレビ東京の局長会議で「今後一切、小倉は使わない。声もかけるな」という話になったらしいです。だから普通は辞める時には、社長室で退職金が手渡されるらしいけど、そういうこともなかった。

しかも、普通は辞めたあと1カ月くらいは他局に出ないのが常識だったらしいんですが、僕は辞めた翌週にはニッポン放送で競馬中継をやっていた。先週までテレビ東京で

競馬やっていたのにね。

——それで長い間、出入り禁止になったんですか。

いや、それが出禁は半年くらいで済みました。というのも、女子のキックボクシング番組がテレビ東京で始まったんですね。これがどういうわけか、福田（赳夫）総理が唯一好きな番組だったらしい。

記者会見で「テレビで何をご覧になりますか」と聞かれた総理が、女子キックボクシングって言ったんだって。それで最初はスポーツ担当の部署が番組を作っていたんだけど、彼らではとてもじゃないけど柔らかくできない、ということで演出をする部署が作ることになったんですよ。その時に、「これを実況できるのは小倉しかいないだろう」って誰かが言い出して、話が僕のところに来た。

これをやったら、また数字が取れて。続けて男子のキックボクシングもテレビ東京でやって当てていましたね。

——そんな感じなら、フリーになってからも順調なはずじゃないですか。

いやいや、軌道に乗るまで7年はかかりました。だってキックボクシングの番組が当たったといっても、テレビ東京だから、ギャラはすごく安かったですよ。もう言うのもおぞましいような金額。

29歳で辞めて7年ほど、30代半ばまでは不遇だったと言っていいと思います。

私生活では25歳で最初の結婚をして、3年くらいで別居することになりました。そのあと3年くらいはそのままでしたけど、結局、駄目になっちゃった。これは会社を辞めたことも関係しているでしょうね。

僕の初任給は3万4500円でした。これは他局の半分くらいです。

それがだんだん上がり、さらに僕は時間外労働が多かったので、月収は6~7万円くらいにはすぐになりました。さらにいろいろアルバイトもやっていたから、別居中、子どもには月10万円くらいは送ることができていたんです。

それでフリーになれば、もう少し収入も増えて金銭的に余裕ができるかと思ったんだけど、大きな間違いでした。

離婚して7年くらいは、本当に養育費を納められなくて、2~3年に1回くらい弁護士から内容証明が来ていましたね。怖いんですよ。未払いがこれくらいの金額になりましたっていう通知。

仕事が軌道に乗って、収入が増えてからやっとその分をまとめて払えるようになった。今まで迷惑かけたけど、ちょっと増額しますって言って、それで増やしたっていう感じ。

そこに至るまでは、「バンス(前借り)の小倉」って呼ばれていたくらいだから。巨泉事務所からの給料は30万円を切るくらいだったけど、それでもサラリーマン時代の3倍くらいはあるわけです。

でも、そこから家賃を払い、養育費を送るともう2日か3日でなくなるんだよね。また巨泉事務所に行っては、「すいません、お金貸してください」って前借りしていたから、まさにバンスの小倉。

その頃は、事務所に僕のデスクがあったの。タレントのデスクなんかないですよ、普通は。巨泉さんの競馬の資料をつくれってことでした。それをやればお金くれるのかと思ったらくれなかったの。

巨泉さんは本当にしっかりしていて、お金をくれなかったんだ。

●電気ガス水道が止まる順番は

――僕が知り合った頃の小倉さんはお金持ちで、こだわりの品を蒐集するコレクターでしたけど、何も買えなかった時代もあったんですね。

ああ……もう売ったりするだけ。カメラとかテレビとかさ。テレビなんて質屋に何回も出し入れするんだけれども、仕事柄、テレビないと困るわけじゃない？　でも、本当に困ると最後の最後にテレビまで売らざるをえなくってさ。その頃は質屋が僕の顔を見て「小倉さん、おかえりなさい」って挨拶するんだもの。

時計も初めは5万円貸してくれていたのが、次は3万になる。次は「小倉さん、もう無理だな、これ1万しか貸せないわ」とかって言われて、「そこを何とかお願いしますよ」って頭を下げたり。

最低なのは、フジテレビの彫刻の森美術館の分厚い本を売ったことですね。古本屋でいい金になったんですよ。日枝（久・フジサンケイグループ代表）さんの挨拶が載っている豪華本を1万円くらいで買ってもらえたかな。市販されていなくて、関係者に配った本だから。あれは、結構売った人いると思うんだけどなあ。

――30代の頃はそんなに困っていたんですね。

困ってたよ。だって、電気ガス水道全部止まった。電話も止まった。「タレントは数多くいるけれど、止まる順番知っているのは俺くらいだ」って、講演で言うとウケるんだよ。その意味では経験が役に立ったけど。

水道は一番後に止まるんだ。やっぱり命に関係するから。初めはバルブを針金で縛っていくんだよ。でも、ペンチで切れば使える。それから1カ月か1カ月半くらいたつと、ものすごい鎖でがんじがらめにしてくるんだ。これは切れない。トイレを流せないから困るよね。

闇金みたいなところで借りたこともあります。借りられるところからは、ほとんど借りましたよ。それ返すのに必死でね。

――よく心が折れなかったですね、そんなにブレイクしない期間が長くて。

当時の事務所社長は巨泉さんの弟の大橋哲也さん。この人が僕の話をするときは、「小倉も大変な時期があったんだ。タレントを辞めるって言い出してね。放送作家でもやろうとかって言ってた時期があった。その時に、大丈夫だよ、お前は絶対に成功するからって、俺が言い聞かせた。それがなかったら、今の小倉はないんですよ」というような内容になるんだけど、僕の記憶と違うんだよ。マネジャーってみんなこういうストーリーを言いたがるのかな。

自分がこう言って、こう売って、小倉が頭角を現した――そんなことをみんな事務所の人は言うんですよ。そもそも僕は辞めるなんて言った覚えないけどなあ。

――実際、生活が苦しくて転職を考えたことはなかったんですか。

同じ事務所に秋元康もいたのよ。秋元康って、僕の高校の後輩でもあるんだよね。当時、奥山侊伸さんっていう人が放送作家の世界では有名だったんだけど、その人の弟子みたいにしていたのが秋元。その奥山さんも秋元も巨泉事務所にいたんですね。当時のバラエティ番組の作家はほとんど巨泉事務所にいたんですよ。今第一線で活躍している人たちは。

そういう人たちを見ていたので、〝放送作家って面白いな、いいかもな〟くらいに思って見ていたことがあったんですね。でも、放送作家の人たちは「巨泉事務所はタレントのことは一生懸命やってくれるけど、作家のほうは見向きもしない」とか言って、みんな造反起こして辞めてっちゃいましたけどね。で、辞めてからみんな成功した。秋元もそう。

彼とはそんなにしゃべらなかったし、あんなに才能がある人だと思わなかった。今でも彼は僕のこと「先輩」って言うんだけどね。

「お前さ、頼むからさ、先輩って言うのだけはやめてくれよ、秋元に先輩って言われるの、俺いやなんだけど」

って言っても、

「先輩は先輩じゃない、だって高校も事務所も先輩ですよ」

だって。

僕は、結構AKB48のことも、「とくダネ！」で厳しく言っていたんですよね。いろいろなやり方でCDの売上枚数を増やしていたでしょう。握手会の券をつけて、同じものを何十枚も買わせるとか。

それについて、こんなことやっちゃ駄目だ、本当のヒット曲っていうのはそんなもんじゃないでしょうとか、かなりボロクソに言っていたからね。

秋元がそれを聞いていて、「先輩、AKB嫌いですよね」って言うから、いや、嫌いじゃないけど、やり方が気に入らないだけだよ、って。

でも彼の出す曲出す曲みんなヒットするから、足元にも及ばないと思っていますよ。

●金の無心を母親に

――貧乏時代を振り返って今どう思いますか。

親に心配をかけたのは間違いない。食えない時代には、いい年なのにおふくろに助けてもらっていたくらいだからね。おふくろは80歳まで看護師やって働いていた。元なでしこジャパンの澤穂希さんを取り上げたのは、うちのおふくろですよ。

以前は台湾の赤十字病院の師長とかもやっていたんですが、引き揚げてきて僕が中学校を出たあとからは、府中の奥島病院（現・府中病院）に勤めはじめた。子供が大きくなるまでは仕事してなかったんですよ。

でも、どこで聞きつけてきたのか、看護師さんが足りないから手伝ってくれという話が来たんでしょう。それで親父に「私やりたいんだけど、もう一度やっていいか」って言って、親父も「ああ、いいんじゃないか」と言って現役復帰。それで80歳までやったの。白衣のババアですよ。

で、親父には生活が苦しいとは言えず、金の無心はおふくろのところに行くしかなかったからさ。今から行っていい？　って電話して病院を訪ねていくと、もう70代になったおふくろが、ガマ口抱えて階段でトントン降りてくるんだよ。看護師はエレベーター使っちゃいけないから。実際には少し太っているからトントンっていうほど身軽じゃなかったか――それで、「ごめんね、今日はこれしかないけど」って現金を渡してくれるんです。

それに「すいません」とか言って頭を下げながら三十過ぎのいい大人が1万だ、2万だって借りるわけです。

――それはすごい借りですね。お母さんに恩返しはできたんですか。

おふくろが80歳まで現役で看護師をやっていて、介護施設に入ったのは90歳近かったかな。亡くなるまでの9年間くらいは施設に入った。その前もずっと仕送りしていたんです。当然、おふくろにもらったお金よりもはるかに多い分、毎月送ってたんだよ。でも死んだ後見たら、そのお金に手をつけてないんだよね。親ってそういうもんなんですよね……。

姉に「あなたがおふくろの面倒を見てくれたから、これ何かの足しに使って」って言って、そのときに相続も放棄したんですよ。姉がずっと一緒に暮らして面倒を見てくれていたんで。

――お姉さんがいるんですね。

6つ上の姉と二人きょうだいです。本当は俺の1歳下にもう一人いたらしいんだけれども、生まれて1週間くらいで亡くなったので。親父に言わせると、その子は優秀な子だったらしい。あの子は利発な顔していた、って言うんだよ。あの子が生きていたら、こんなことにはならなかったって。

——お姉さんとの仲はいいんですか。

いいですよ、すごく。姉は僕と同時期に肺がんやって、抗がん剤治療をしたりしたけど今は落ち着いている。何年も一緒に食事もしていないなと思って、この前久しぶりに銀座に連れていって、何でも食べてって言ったら、喜んでくれていたけど。もう二人にとっちゃ最後の晩餐かなって思いながら。いや、だってそうでしょ。向こうも81だし、つえ使っているし、歩くのも大変だからね。車の乗り降りも大変だしさ。

向こうも最後の晩餐かも、と思って来たみたいね。まだ、がんは残っているから、旦那さんが心配して、普段は人がいるところへ行っちゃ駄目だと言って、コンビニも行かせてくれないんだって。だから反対されると思ったけど、「トモ（智昭）ときっとがん患者同士いろいろ話したいこともあるんだろうから行っておいでよ、ゆっくり話しておいで」って送り出してくれたんだそうです。

それで本当に、ゆっくり話して帰したら怒鳴られたらしいよ。「こんな遅くまで何してるんだ！」って。姉からＬＩＮＥが来て、しばらくうちには来ないでください、だって。

●大橋巨泉はいろんな意味ですごかった

――貧乏生活から脱するきっかけになったのが、大橋巨泉さんの「世界まるごとＨＯＷマッチ」という番組のナレーションですよね。もともと小倉さんはいろんな声を出せるのが一つの売りだったと聞いています。声の出し方はかなり計算しているんですか。

それはそうです。このマイクだとこのトーンの声がいいなとか、あるいはＡＭではこの声、ＦＭだとこの声が一番マイクに乗るだろうなとか、子供の頃から一生懸命録音して聞いて考えたりしていました。

それが活きたのが、「世界まるごとＨＯＷマッチ」のナレーションだったわけです。当時、七色の声なんて言われるほど、色々な声色を使い分けましたが、それはそういうことをやってきたからなのかなと思います。

――その番組で一世を風靡したんですよね。

そうそうそう。声だけで「小倉だ」と気づいてもらえるようになった。あの時僕がやっていた、甲高い声で早口でまくしたてるようなナレーションが他に無かったんですよ。当時、同世代の人と比べると、かなり早口でテンポがいいナレーションだったと思う。それも、もともと吃音だったからなんじゃないかなと思うよね。テレビ東京に入局してすぐに、実況で一番難しいって言われる競馬をやったこともいい方向に作用したんでしょうね。

――たしかに競馬中継は難しそうですね。

あまり信じてもらえないんだけれども、吃音って季節によって、あるいは年齢によって、うまく話せない、発音できない言葉があるんですよ。人それぞれだと思うんですけれども、僕はさっきも言ったように、子供の頃はア行が駄目だった。それがアナウンサーになりたての頃にはタ行になり、競馬実況を始めた頃はカ行が駄目だったんですね。その頃の総理大臣が田中角栄さん。で、ニュースで角栄さんが出てくると、いやでいやでしょうがなかった。タとカですから。

競馬も強い馬にカ行が多くてね。そうすると、レースの前からどきどきしちゃうんだよね。うまく言えるかな、どうかなと不安になって。

――「HOWマッチ」では、巨泉さんからのアドバイスはありましたか。

いや、そんなものはないです。だいたい僕、チビ巨泉とか、コセン（小泉）とか言われたこともあったんだけど、自分自身は、そんなに巨泉さんに世話になったとは思ってないんだよね。

さっきも話した通り、巨泉さんがアナウンサー辞めてタレントにならないか、よかったらうちの事務所に来いよって誘ってくれたのは事実。だけど、最初から仕事を回してくれたわけではない。9年間は食えなかったわけですしね。

「世界まるごとHOWマッチ」のナレーションで当てたときに、巨泉さんは「ほら見ろ、小倉はこういうナレーションがいいんだ」みたいなことを言っていたんだけど、実はそんなアドバイスを彼に言われたことないんだから。

あの小倉節と言われるようなナレーションは、こういう風にしたら面白いだろうなと自分で独自に考えたものです。「ほら見ろ」なんて、巨泉さんが自分で手柄とっちゃったみたいな感じ。

実際、巨泉さんにアドバイスもされなかったし、良くも悪くも口出しもしてこなかった。覚えているのは一度だけ。夏のクソ暑い福島で競馬中継やったときに、放送席にまだ冷房がなかったので、「こんなに暑い中、競馬の司会やったってしょうがないよね」みたいな話をしたら、それをたまたま聞いていた巨泉さんが、「お前、仕事に対する姿勢がなっとらん」みたいなことを言ってきたことくらいじゃないかな。

「だって巨泉さんは競馬場来ないじゃないですか」

って言い返したんだ。

実を言えば、ゴルフについても、巨泉さんから「やれ、やれ」って言われて、クラブが送られてきたりしたんだけど、巨泉さんに言われてやるのがいやで、やらなかったんだよ。

そもそもゴルフなんてスポーツじゃないくらいに思っていた。

「打ちながら走ってタイムを競うんだったら、俺はやってもいいけど、あんな穴の中に球転がして入れて、どこが面白いんだ」って言ってたんだよ。

ゴルフをやる前は射撃をやっていたんだけど、そしたら巨泉さんが「射撃は人殺しだ」なんて言いやがって。ハワイのことも昔は別に好きじゃなかった。

それが、そのうちゴルフにもハワイにも夢中になるんだけど。

当時、巨泉さんの腰巾着みたいにくっついていたタレントさんって結構いたわけ。巨泉さんはそういう人とゴルフをやって、小遣いをむしっていたんだよね。

腰巾着とは違うけれども、（ビート）たけしさんなんかは、謹慎中に巨泉さんと遊んでゴルフを覚えて、結果的にいくら取られたかわからないっていうじゃないですか。

まあ、たけしさんは、後になってその経験をネタにしているよね。ゴルフでＯＢになって球がどこかに消えたはずなのに、巨泉さんはズボンのすそとかいろんなところから球を出してくるとか。それは誇張もまじえたネタにしても、そういう類のことはあったと思うよ。

そんな目に遭うのも嫌だから、巨泉さんとゴルフもあまり行かなかった。

巨泉さんが元気なころは、彼のホームグラウンドだったハワイとかオーストラリア、カナダにも行ったことがなかった。巨泉さんが、「小倉、俺が生きてる間にお前、カナダでもオーストラリアでも来いよ」って言うから、「巨泉さんが死んだら行きます」って言ったら、「お前はよくそんなことが言えるな」って。

――そういう話だけ聞くと関係性がわからなくなるんですが、小倉さんから見て巨泉さんのどのへんがすごかったんですか。

僕は巨泉さんのことはある意味尊敬していて、ある意味軽蔑している部分もあった。すごい人だったのは間違いありません。先を見る目があって、世の中の流れにはものすごく敏感な人で、休みもたくさん取るんだけど、その休みの間にエネルギーを蓄えていたよね。

巨泉さんの感覚の鋭さ、取捨選択の能力、それはすごかったな。カンが冴えているときには、狙いすましたように何かを勉強して、仕事にすごく役立てていました。勉強するときは、徹底的にやる人でしたからね。

よく本も読むし、好きなことのためには投資もしていました。アメリカンフットボールだとか、メジャーリーグベースボールなんていうのは、当時日本じゃ見られなかったわけですよ。それを見るために、直径10メートルはあるかという衛星のパラボラアンテナを伊東の家に立てて、アメリカの放送を直接受信して、見ていたからね。それはすごかった。

これだって決めればとことん情報収集をする。メジャーリーグやアメリカンフットボールの話をさせたら、評論家でも巨泉さんに勝てる人ってあんまりいないんじゃないかなっていうくらいでした。

僕もいろいろ勉強や情報収集を努めてやってきたけれど、巨泉さんのようにはなかなかできないね。また、やりたいことがほかにもいっぱいあったということもあるから。

僕はアナウンサーになったときに、アナウンサーは引き出しの中に何をいっぱい入れるかよりも、たくさんの引き出しを持っといたほうが絶対役に立つよ、とある人に教えられたことがあるんです。

初めはそのつもりでやってたんですけど、結果的には、いっぱい詰め込まれている深い引き出しがたくさんある状態がいい、ということがわかってきましたね。

僕は何しろ大学まで全然勉強しなかった人なので。社会人になってから、いろいろ好きなことを勉強したんです。でも、たまに引き出しを開けようと思って開かないのもあるし、空っぽになっちゃっているのもあるんだけどね。

――巨泉さんへの気持ちというのは、愛憎という言葉がふさわしいのかはわかりませんが、何だか複雑なんですね。

似ているのは、僕も巨泉さんも、話が飛ぶところなんだよね。巨泉さんによれば、血液型がB型の人は飛ぶんだってことらしいんだけど。

そういえば、巨泉さんは、「血液型にも松竹梅がある」というのが持論だった。そんなの聞いたことある？「俺はB型の松だけど、小倉、お前は梅なんだ」なんて言われたことがありましたね。

——テレビでは話が飛ぶほうが逆に見ているほうは新鮮だったり、面白かったりする場合もあるから、向いているのかもしれませんね。

うん。僕もテレビでは話を計算して飛ばすこともあるね。ただ、普段の会話も僕は飛ぶ気がする。集中力がないのかも分からない。

●自分の引き出しをどう作るか

——自分の中に話の〝引き出し〟を作るために、週に70冊の雑誌に目を通していた時期もあるんですよね。

うん。そういう努力はしていました。わりあい速読ができたから、本を1日3冊ぐらいは読んでいたし、ＤＶＤは1日1枚必ず見て、ＣＤは3枚聴くのをノルマにしていました。ノルマを課さないと、根が横着だからやらないんだ。

笠井君なんか一緒に仕事をやっていてすごいなと思うよ。一つ一つの作品、監督、俳優さんの名前とか、よく覚えています。最近、彼もだいぶ忘れるようになってきたけど。

僕はもともと本当に覚えられない。必要になった時に関連の資料を引っ張り出せる、それで思い出せるというくらいの読み方。だいたいのことしか覚えてない。


――その努力が活きたのが「とくダネ！」のオープニング。いろいろなエンタメについて、10分くらい喋っていましたよね。まるで通販番組みたいに映画や音楽の魅力について語る。すごい情報量だと思いました。


やっぱり責任があったからね。その影響で実際の順位が動いたりすることもあるから、いい加減なことはできません。

一生懸命やったからといって何かもらえるわけじゃないですよ。歩合で少し何かもらえるんだったら、もっと必死になって聴いて、喋っていたかもわからない（笑）。

あのコーナーのために、前々日から前日にかけては、休まずにずーっと見たり聴いたりしていたよね。かみさんが「この人、何してんの」と思うくらい。でも、そうしないといろいろ見たり聴いたりしきれないよね。

水曜日がＣＤの発売日というのが多いでしょう。手元のものを全部丁寧には聴けないから、部分部分で聴いて、いいと思ったら全部ちゃんと聴いて、という感じの要領はある程度覚えましたが、見るものは早見というわけにもいかない。

いまの人は、ドラマを倍速で見たりするそうですが、僕は倍速で見るのはマラソン中継ぐらいだな。時々、巻き戻して、抜く瞬間の態度だけ見たりとかっていうことはするけど。

――音楽はポップスからクラシックまでかなり幅広く聴きますよね。

うん。音楽ってクラシック聴いても歌謡曲と同じだと僕は思うんだよね。要するに主旋律があるという点では同じ。メロディがいい曲っていうのは曲としても完成度が高い曲じゃないですか。

もちろんクラシックは演奏者によって音が変わったり、オーケストラによって幅が出てきたりとかって、そういう違いはあるけど、音楽の本質そのものは変わらないと思うから、何聴いても面白いよ。

――そういう積極的な情報収集は、すべて仕事のためだったんですか。それとも、それ自体が好きだったというのもあったんでしょうか。

突き詰めれば、学校嫌いだったのが理由でしょうね。学校というか、授業が嫌いだったの。学校行くのは好きだったけど、授業の間って何かほかのことばかりやっていた。隠れて本読んでたりとか、そんなこと平気でやってたんだ。

司会をやるようになったら、やっぱり学校の勉強って役に立つことといっぱいあるんだなって仕事しながら思うことがあるんですよ。だって大河ドラマ見てたって分かんないことがあるくらい。今、「どうする家康」なんか見てても、この次はどうなるのか、なんて分からないことがある。歴史とかそのへんは、僕の弱点なんです。

その種のことにやたら詳しい人もいるじゃないですか。僕はそうじゃないから、本当は司会とかやってちゃいけなかったんだとすら思うこともありました。もっと優秀な人間はいっぱいいるのに、何で俺のとこ来ちゃったのかな、なんて。かといって、断れないからね。うれしいもんだよ、大きな仕事が来ると。仕事がない時期を知っているから。

――知識だけ詳しい人なら他にもいますよね。小倉さんに仕事が来たのはなぜだと思いますか。強みというか。あるいは、これまでやってこれた秘訣というのは。

まっさらで何にもないところで一生懸命に覚えたもんだから、邪魔するものがなくて結構頭に入ったのが良かったんじゃないの。柔軟さがあったというか。

教育って大事な部分もあるけども、必要のないことも多分あるんだろうと思うよね。我ながら特別な能力があったとは思っていないけれども、自分なりの自信を持てたというのは、いろんなことの積み重ねだと思います。

それは仕事と直接関係ないものであってもいいんです。かけっこなら負けない、とか、喧嘩が強い、とか何でもいいから、そういうものが一つ一つ増えてくると、その積み重ねが自信につながってくるのかなって思ったりもする。

僕自身は、ほかに自信を持つ材料なんかないんだもん。ちゃんと受験勉強したことないんだから。合格掲示板に番号が載ったことないっていう人生。すごいよね。見には行くんだけど、一度も載ってたことないから。そういう人間が偉そうに、政治がどうだとか、経済がどうだとかって言ってるんだから面白いね。

あ、でも自分では、瞬間的にAかBかを判断する能力には自信があるんだ。それは見誤らないほうだと思っている。

●自信のあるところだけ見ればいい

――へえ、僕は決められないほうです。常にいろんな可能性を考えてしまう。

だから世の中の流れと逆のこと言いたくなるわけだろ。迎合はしたくない人じゃない？　何でそうなったの。

――何でなんだろう。でも、僕自分のこと多数派だと思っているんです。だから普通のことを言ったつもりが炎上すると、〝あれっ、みんなと違うのか〟とびっくりし

ちゃう。みんなに共感してもらえるかなと思ったのに。

えっ、自分が多数派だと思ってるの？　古市君は、どこかでねじ曲がった部分があるんだろうと思うんだよね。

周りから見たら、何であそこでああいうこと言うかな、ということがたまにある。それが古市君の面白さで、それがなくなったら使ってもらえなくなる可能性があるね。

——やっぱり学校とかにあんまりなじめなかったからじゃないかな。集団生活が苦手というのが多分、根っこにあるんだと思います。

僕は学校、好きだったからね。どもったりしても、人目につきたかったんだよね。陸上やってもそうだし、演劇やってもそうだし、生徒会のことをやってもそうだし、その辺が変に自信があったんだよ。

吃音に関しての劣等感はあったかも分かんないけど、ただ、それを上回るものが俺にはあるんだっていうような感じを妙に小さいときから身につけていた。何なんだろうね。

そこは親の教育なのかも分からないね。

――自分に自信がない人ってたくさんいるじゃないですか。何かアドバイスってありますか。

それは自信のないところばかりを見てしまうからなんじゃないの、自分で。必ずいいところって、あるじゃないですか。何も秀でたものがないとしたら、どうやってそれを自分が身につけていくかは考えないといけないでしょうね。武器として何を持てるかという。後から持とうと思ったら持てるものってあるでしょ。資格を取ることも武器になるんだろうし、人よりもこういうことは強いとかって何か探せばあるはずだよね。

人よりも劣っているところを気にするよりも、強みのほうをなるべく見るように考えたほうがいいんじゃないかと思う。

フジTV とくダネ!
ふ ふてぶてさでは
る 類をみない
い 今を生きる
ち 知性派の代表
の 喉元に突きつける刀は
り 理知的だが時に
と トンマな
し 社会学者

3 「とくダネ!」はいかにして生まれ、燃え、終わったのか

嫌いな人とかいなかったんですか。ライバルとか。みのもんたさんは？（古市）

そんなこと言わせたいの？何かの調査で嫌いなアナウンサー2位と3位が、みのさんと僕だったの……（小倉）

●「嫌いなものは嫌い」でやってきた

――小倉さん、過去の発言を資料で読むとひどいですよね。昔の資料を見ると「大阪弁が嫌いだ」なんて本当に言っている。

言った、言った。それはラジオね。大阪弁は嫌いだという話をしたら、すぐ抗議電話がかかってきた。「小倉、文化放送の玄関で待っているからな」って。それがただの脅しではなくて、本当に包丁を持って待っている男がいたんですよ。トラック運転手でした。カッとしてやってきたみたい。

――今ならアウトの発言、もっとありそうです。

しょうがない。嫌いなものは嫌いなんだから。

――最近は何でもかんでもすぐに大事になり、ニュースになりますね。

うん、この前はラジオで広末涼子さんの不倫について喋ったら、すぐにネット記事になっていた。ただ、「キャンドルからミシュランに」って言っただけなんだけどね。

――何かスキャンダルがあるたびに、小倉さん家《ち》に「週刊文春」あたりがコメントを求めに来ていましたね。

そう。誰か不倫したとか捕まったとか。なぜか彼らは来るんですよね。何か知っているとでも思ってるのかな。

北海道の別荘の前に記者が乗ったレンタカーが停まっていたときには、驚いたね。「お前、何しに来ているんだよ」って。

――直接関係がなくても何か知ってるんじゃないかってことで来るわけですか。

来るんですよ。それなのに、僕自身に関することを聞きに来たのできちっと対応していたら、肝心なこと書かないんだから。あいつら本当に、もう……。

――「とくダネ!」で自由にコメントをしていたからですかね。司会者があんなにしゃべる番組って新しかったんじゃないですか。

たしかにあまりなかったんです。でも、それが引き受ける条件だった。

最初に依頼を受けた時には、フジテレビで午前10時台に「どうーなってるの?!」という番組をやっていたんですよ。それで高視聴率が取れたんで、フジテレビから「朝が今、数字が悪いんで、8時を受けてくれませんか」と言われたんです。

でもお断りしたんですよね。そうしたらその次の年に、またフジの太田さん（当時・情報企画局長）とプロデューサーの西渕（憲司）さんが事務所にわざわざいらして、「どうしてもやってくれないか」と言うんで、「そこまで言ってくださるんだったら」ということでお受けしたんです。

ただ、それまでのワイドショーってほとんど事件のＶＴＲで始まって、ひどい場合は20〜30分しないと司会者が出てこない。８時スタートの番組だと８時半になって、ようやく司会者が、「おはようございます」とあいさつをする。

それが僕は何だか嫌だったので、

「オープニングで自由に話をさせてください、それが条件です」

と言った。逆に言えば、そこしか僕からは注文を出さなかった。１分でも２分でもいいから時間をくださいといってスタートして、しまいにそれが10分とかになることもあって、やりすぎだって言われたりもしましたね。

——名物コーナーだったのは間違いないですね。メモなしでずっと話してました。

そうそう、中身も全部自分で決めていました。あれが面白かったのは、共演の笠井アナウンサーや佐々木恭子アナウンサーにも、何をやるか事前に振ってなかったんですよ。それどころかディレクターにも言ってなかった。

ただ、扱う新聞記事がある場合は、この記事だけ用意しておいてくれと言って渡しておくんですね。

毎朝、自分の中では展開を考えておいて、一応短い時間でも起承転結みたいなものを作っておくわけですよ。でも、笠井君とか佐々木君は、それを突然ぶち壊してくるんですよ。

ヘンな質問をしてきて流れを崩したりする。それはそうでしょう、こっちの想定なんか知らないんだから。でもそれで腹が立つわけでもなくて「ああ、そこに入ってくるんだ」と思って、それはそれで面白かったですけどね。

ただ、スタッフは冷や冷やしていたでしょうね。本番まで何を言うかわからないんだから。

そんなわけで8時のオープニングトークが終わった段階で、時間が押してしまって、もう後ろのほうの枠が飛んじゃっていることも珍しくなかった。だから、初期は担当ディレクターからのブーイングがすごかったですよ。「何のために俺たち取材に手間暇かけているんだ」ということです。

●起承転結を意識していた

――オープニングでは常に5分とか10分よどみなくしゃべっていたじゃないですか。あれはどのくらいの事前準備があったんですか。

実は事前の原稿なんかは用意していません。しないほうがいいとすら思っています。子供の頃、吃音を治す過程で、作文を書くときに必要な起承転結が、しゃべりにも必要だっていうのに気がついたんです。しゃべることは作文だというふうに思ってたから、文章構成をしてしゃべるみたいなところがあります。僕のスポーツ中継って行き当たりばったりしゃべってはいますけど、一方で、全部作文みたいな感じでしゃべっているんですよ。でも、予定稿ではあんまりしゃべりたくないので、その場で見たものを一応、頭の中で文章化したうえで口に出すみたいな感じで。

――それを事前に文字に起こすわけではないんですね。

頭の中で起承転結をイメージしておくだけ。新人のアナウンサーと一緒に仕事をすると、彼らは原稿を用意したうえで、さらに赤字を加えたりとか、しゃべることを書きだしたりとかって準備してるじゃない？　「そういうのは、やめたほうがいいよ」っていつも言ってたけどね。「なるべく書かないほうがいいよ」って。

――それってトレーニングでできるようになったんですか。個人のセンスに負うところが大きいのかなって感じもします。

やっぱり吃音があったから、話す言葉を頭の中で事前に決めておくほうが話しやすかったっていうのはある。そのおかげで脳内で素早く整理して文章化する癖ができたというか。

吃音だと、とっさに言葉は出てこないんですよ。何か言い返そうとしても、必ずつかえてしまったりとか、口ごもってしまったりする。

自分は何て言い返すべきなのかといったことは常に頭の中で考えていた。そうすれば言い返しやすいじゃないですか。その積み重ねみたいなところがあって。だからスポーツ実況、競馬の中継でも僕は瞬間的に作文しながらしゃべってたんです。

――子供の頃から吃音の影響で、言葉をいったん塞《せ》き止めてから脳内で文章化していたことが後になって役立ったということでしょうか。

そうかもわからない。まあ加えて本を読むのが好きだったから、それで養われたのか。意識して身につけたスキルではないので、自分自身ではわからないんですね。

――面白いですね。普通はきちんと準備して原稿も用意するのが正しいと言われそうなのに、むしろ小倉さんはそうではない、と。

書いちゃうと、それに引きずられるんです。

加えてキャスターの場合は、目線の問題があります。テレビを見ている人は、ものすごくキャスターの目線が気になるものなんだよね。原稿やカンペに目をやると、そこに視聴者も気をとられてしまう。まあ僕だって目が落ち着いてきたのって、「とくダネ！」

やって何年かしてからですよ。それまでは落ち着きのない人で、一点をじっと見てられないんだよね。カメラのレンズの見方というのは難しいもんで、レンズを凝視するとものすごく顔がきつくなるんですよ。

だから基本はレンズの下を漠然とぼわっと見るぐらいの感じじゃないと駄目。

いま生きているカメラにはタリー（ライト）が付くでしょ。そのカメラを見ながら喋る必要があるので、当然、タリーを意識しながら僕ら見ていくわけじゃないですか。だからといって急にタリーのほうを向くと、もう目線が飛んでしまうのが分かるんだよね。これも視聴者は落ち着かない。

だから舐め回すような感じで目線を動かして、カメラを見るようにしないと駄目。

カンペが出てるときも、そっちばっかり見てると絶対、目の動きで分かってしまう。

実はそういうことに慣れてきたのは50歳過ぎてからだったよね。

――数十年やって初めてそういうことが身についた。

うん。メインの司会っていうのを若い頃はやっていなかったからね。メインで出るのと、メインじゃないのってやっぱり違いますよ。番組を引っ張っていくというのはね。それと僕が意識してたのは、朝昼晩でやっぱり違うってこと。視聴者が違うから。僕は朝とか昼間には向いてると思ったけど、夜は絶対に向かないと思ってた。

――へえ、どう違うんですか。

僕はゴールデンの時間帯では絶対、数字を取れない。それはずっと言ってたの。「僕は午前中とかのぺんぺん草も生えないところで数字を高くする自信はあります。一番にはできます。ただ、ゴールデンのいい時間、25％とか30％とか取るのはできませんから、巨泉さんとか久米さんには僕はなれませんよ」――仕事するときには、いつもそう言ってた。

視聴者が違うんです。何ていうのかな、真剣に見るのは夜のほうですよね。朝のほうは流しながら、家事か何かしながら見るという感じ。だから朝はラジオ的な発想で仕事ができるんですよ。僕の場合、「ラジオは面白いね」ってよく言われていて、テレビにラジオの手法を持ち込もうというのを一生懸命ずっとやってたから。

――そういう場だからこそ、あえて過激な言葉を使ってみようという計算もあったんですか。

それはわりあい、ここでこういう言葉を使ってみようとかって計算していましたね。このニュースは何かで掻き回さなきゃ面白くないなとかっていう場合は。ただ、僕の場合、地頭が悪いからさ、大変なんだよ。古舘君みたいに言葉がいっぱい出てこないからね。放送作家さんが付いてるわけでもないしね。

――いやいや、小倉さん、すごく語彙力あるイメージですけど。

いや、ないでしょ。ただ、それでむしろプラスなのは、そのほうがお年寄りとか子どもには分かりやすいというのはあるよ。普通の人が流し聞きしていて分かりにくい言葉は嚙み砕いて話すようにはしていたね。自分が分からないとしょうがないじゃん。

●ハプニングは大歓迎

――「とくダネ！」で驚いたのは、完全に台本を無視する回があることです。一言、二言のレベルではなくて、下手をすると放送する予定だったニュースを丸ごと飛ばしちゃう。今では考えられないです。

そう。象徴的だったのは北朝鮮がミサイルを発射した時の放送じゃないかな。その一報が速報で入ってきて、それでそのままその話をしたら、出演者もみんな乗ってきたから、「これで2時間行こう」となって。

ところが番組の最後のほうで「発射は誤報でした」ってなって（笑）。この2時間は何だったんだ、と。それでもすごく視聴率がよかったんだ。

――普通に考えると、その第一報だけでは2時間もつなげられないですよね。はじめはVTR素材も何もないんだから、間が持たない。

普通はやらないよね。こっちはひどいよ、中身、素材も何もなくてやっちゃうんだから。僕も笠井も何か起こると喜ぶ人なんで。ちょっと不謹慎に思われるでしょうが、番組直前に、ギリギリに何か起こると、二人で張り切っちゃうところがある。ニュースが飛び込んで来るのが大好きなんだよ。

スポーツアナウンサーっていうのは普通のアナウンサーと違って、実況っていうぐらいだから、画面に映っているものを羅列して、それを表現するのはうまいんですよ。それで見た瞬間を言葉にできる。これはスポーツアナじゃないとできないのね。

僕は競馬とか、いろんなスポーツでそれをやってきたから、その経験は役には立っていると思うよね。

要は見たことを言葉にする能力です。全然知らないニュースでも、そこに映像があればしゃべれる。映像がない場合でも、たとえば地震が起きてフリップや地図があれば、一定の時間はしゃべれる。

——そのあたりは最近のテレビとはかなり違う気がします。「とくダネ！」の場合、台本もペラペラでしたね。ほとんど何も書いてない。

うん。初めはもうちょっと枚数があったんだけど、僕が書きすぎだって言って、最後には紙2枚くらいになっちゃった。箇条書きだけになって。後継番組の「めざまし8」に限らず、情報番組は全部ちゃんと台本があるんだよ。「とくダネ！」だけは、ほとんどなかった。ニュース番組だって、きちんと質問や答えを書き込んでいる。見ると大変だろう、と思うよ。

●今のテレビは「間」がなくなった

――それでも毎日、ちゃんと番組は進行していたわけですよね。司会として気を付けていたのはどういうことですか。

基本は、「人の話をよく聞く」ってことなんですよ。ところがその基本を守れていない人が多い。途中で割って入ってしまう。それは台本の話ともつながるんだけど、進行のことや時間のことを考えるのか、あせって最後まで聞かないじゃないですか。

オープニングトークこそ長いけれども、僕はかなり我慢強く最後まで話を聞くようにしていました。コメンテイターが何か喋りたいという時は、極力そのまま喋ってもらおうと思っていた。CM明けてもまだ喋りたいなら喋ってもらった。

他の人と比べると、そこは違うように思います。意外に、みんなしびれを切らして自分の考え言っちゃったりとか切っちゃったりというのが多いのが、今のテレビの悪いところかもしれないね。間がないんですよね。

――昔のテレビのほうが間があったんですか。あまりよく知らないんですけど。

間があったよ。昔は、本当に全部、生（放送）だったわけじゃないですか。今はVTRが主体なので、編集して間を詰めていくでしょう。自然と間がなくなってしまう。すると、それに視聴者も慣れちゃうんですよ。

大橋巨泉さんがすごかったのは、1時間番組で正味の放送時間が53分だとしたら、あの人は53分で録る人なんですよ。

カットをあまりしない。後で、〝ここの部分はカットしたほうがいいな〟っていう場合は、自分で頭の中で計算して、その分だけ余計に喋っていた。それで「ここをカットしておいてくれ」と指示をする。カットしてなかったら、「バカヤロウ」って怒るわけ。「俺が辞めるか、お前が辞めるかだ」とかって。それで「巨泉さんが辞めてください」って言ってクビになったやつもいたけど（笑）。

――ちなみに一般の人でも「間が持たない」と悩んでいる人は多いと思うんですよね。雑談力が足りないとか。そういうのって改善できるものですか。

雑談をうまくしようなんて思わないほうがいいんじゃないかな。雑談は雑談でいいんだから、自分の思っていることをその場限りかもわからないけど、言葉として発していくうちに、回っていくんじゃないですか。

ただ、何気ない雑談なんかでも、知識が多い人にはかなわないよね。引き出しが多い人は何話しても面白いもん。

●出入り禁止にされたことも

——始まって1年ほどで視聴率は同時間帯トップに立ちました。その後も変動はあったものの、上位に居続けたわけで、そこだけ見れば順風満帆ですよね。

でも、トラブルのたぐいは常にありました。

出入り禁止なんてこともありましたよ。宇多田ヒカルさんが絶好調のときに、1回気に入らない内容の放送をしただけで、「とくダネ!」は出禁、ってなった。

もともとはお父さんの取材を含めてオフィシャル取材をOKしてもらった上で、現場スタッフがプラスアルファで小学校時代についても取材をした。ところが、そのあたりのことは、先方からすれば明かしたくなかったことだったようなんですね。

それを我々は取材できるから、という単純な考えで撮って放送した。そうしたら大変なことになったという——そういうことはありますよ。

勢いでスタジオで何かしゃべっちゃったら、それが命取りになったこともね。

野村克也さんの夫人、野村沙知代さんの「サッチー騒動」というのがあったでしょう。

あの頃、彼女がロックバンドと一緒に新宿のライブハウスでライブをやったんです。そこにおばちゃん連中がみんな集まって、手を振りかざしながらノッてるVTRが流れたから、スタジオにカメラが戻ったとき僕は、「どうせサクラでしょ」って率直に感想を言ったんですね。

それから連日フジテレビに抗議デモ行動が来た。それだけではなくて、僕の焼き肉店も乗っ取られそうになっちゃった。宴会で使いたいって言って、団体名を明かさずに、30人ぐらいの宴会が入ったんですよ。

それでいざ始まったら、乾杯と同時ぐらいにみんなで模造紙を出して、ベタベタと壁に貼り始めた。紙には〝小倉は「とくダネ！」やめろ！〟とか書いてあるわけです。すごかったですね。

うちの従業員がびっくりしただけならまだしも、拉致されて、お前が代表で詫びろとか言われたりして。その様子がそのままネットにもあげられたの。

――番組が始まったのは1999年。僕がまだ14歳、中学生の頃でした。

そのわりにはコメンテイターとして初登場したときから偉そうにしてたね（笑）。

――出演者になってびっくりしたのは、小倉さんが最初はすごくシャイだったことです。もっと普段から偉そうなのかなと思ったら、そんなことないんですよね。意外とおとなしかったりして。

おとなしいよ、俺。テレビに出てるときしか吠えないもん。

――裏ではすごく静かっていうか、周りにすごく気を遣っているのでびっくりしたのを覚えています。

古市君が出始めた頃（注・2012年）は、番組が一番充実してた頃だよ。結構、硬い話題もちゃんとやっていた。たとえば中国の反日デモのような話題を30分とか1時間という結構長い尺でやる。それが「とくダネ！」という番組だったんだよね。あまり芸能ニュースとかはやらなかったんです。

ところが、ある時期から安易に中国のＹｏｕＴｕｂｅ動画のような衝撃映像を頻繁に扱うようになってね……。

――小倉さんは出演者やスタッフへのサービス精神が旺盛でしたよね。「とくダネ！」の忘年会に提供してくれる景品も豪華でした。恒例の目玉景品はハワイ旅行とか。

うん、そう。喜んでくれるのが好きだからね。なんか、いいじゃないですか。一緒に番組やったりする仲間に何か記念になるものをあげるっていうこと。

これは誰かに教わったことではなくて、むしろ事務所には反対されたこともあるんですよ。「今時こんなことをするタレントはいない」って。

昔は、会社ごとの家族旅行とかあったでしょう。大運動会とか、社員の家族が参加するようなやつ。そういう時代を生きてきた人間だから、家族の人が喜んでくれるようなことができればいいなあとかって思って、家族でのハワイ旅行を景品にしたり。

ところが、なぜかその一番いい景品を当てたのが菊川怜さんだったんで、予定と全然違っちゃったなんてこともあったけど。

――大会場を貸し切りにする費用も全部、小倉さん持ちでしたね。

あれさ、250人ぐらいのはずが、忘年会のときに一気に人が増えるんだよね。こんなにいたっけ？　くらいに。そこでアーティストも呼んで、歌ってもらったりとか。それをまた「週刊文春」かどこかがすっぱ抜いて、小倉がこんなとこでパーティやってやがるとかなんとか写真入りで記事にしていました。余計なお世話だ。

スタッフの研修旅行もすごかった。参加者が何しでかすかわからないっていう感じで。本当に恥ずかしくて言えないようなことが起こるんですよね。それこそメディアは自分で口封じをしなきゃいけないっていう。

酔っぱらって、何かしでかすやつが出てくるわけです。僕の紹介で温泉組合の会長さんがやっている大きなホテルに行ったんだけど、そこで乱暴狼藉を働いたやつがいて、押入れをぶち破るだ何だと、とんでもないことしてくれた。次の日に、「社長申し訳ありません、弁償させていただきますんで今度お詫びに参ります」と言うと、相手は「いいよ、小倉さん」って言ってくれていた。それから1週間後、そのホテルが潰れちゃった。

もちろん我々のせいで潰れたんじゃないけど、すごく責任を感じたもんです。

他にもみんな素っ裸で大騒ぎしちゃったりさ。鼻の骨へし折ったりさ。いろいろあったんですよ。研修旅行やると、出入り禁止になるんだ。

よく言えば個性あるスタッフが多かったたってことになるけど。


――いいスタッフとは、どういう人なんでしょうね。


やっぱり上に立つ人間は下を支えて伸ばしてやらなきゃいけないんだろうけど、実際には上が下を潰すことが多いよね。テレビは人を育てられない。

それでも「とくダネ！」なんか育てるほうだったんですよ。だから優秀な人間が、「とくダネ！」に来て、そこからいろんな番組に散っていき、いい仕事をしているんですけれども、その先で人を育てることはできていない。何でなんだろう。やっぱり〝自分が自分が〟っていうのが多くなっちゃうのかな。

往々にして上に立つ人間は、自分がプロデュースをやるようになったらこういうことをやりたいって、大きな理想を掲げちゃうじゃないですか。で、たとえば経験のない人間を抜擢して、「俺が育てる」とか過大な期待をする。

それは人を育てることにはならない、自分勝手なことだと思う。プロデューサーになると、若いアナウンサーとかのことを考えて、「俺が育てた」というのを一人二人作りたいんだろうなとは思う。

僕は、この人を番組の顔にしようと思ったら、さりげなくその人にスポットライトを当てるようにしようと思っていました。また、一人だけにそうするのではなくて、みんなのいいところをなるべく吸い上げようと思っていた。そういう意味じゃ失敗はしてないと思うし、共演者をこき下ろしたりすることは無かったと思うよ。

●ジャニーズ問題でテレビ局は批判されても仕方ない

――いわゆるジャニーズ問題を、テレビでどう扱うかは難しいですね。

ご批判を浴びているように、テレビ局はずるい、と言われても仕方ないですよね。あんな何十年も前から知ってるような話を、今になって急に取り上げるようになったのはおかしい、と。

僕も噂としては相当前から聞いていました。ジャニー喜多川さんが初めて大きな番組を立ち上げたのはテレビ東京の「歌え！ヤンヤン！」で、そのときにフォーリーブスが本格的に司会でデビューしたんですよね。

その後、たのきんがデビューしたんだけど、僕はずっと番組のナレーションをアドリブでやっていたんです。だから、いろんなことが聞こえてきてた。我々もあからさまに、みんなしゃべってたよね。あんまり言わないほうがいいのになと思ったんだけど。

中には、その種の経験をさも武器のようにしゃべってる人もいたし。

ジャニーさんを見てみれば、言葉遣いなどから、少年に対する気持ちが強いのは伝わってくる。

もともとジャニーズ事務所の起源だって、彼が少年野球チームを作るために立ち上げたわけでしょう。チームのメンバーたちに、歌って踊らないかと声をかけて始まったっていう。

そこからジャニーズがどんどん大きくなっていって、周りも育ってきて。あの頃は少年に対する愛情を持ってる人とかって、そういう人もいるのはわかるけど、なかなか目の当たりにすることはなかった時代じゃないですか。あまり大っぴらにはできなかったしね。

でも、今みたいに、まるで犯罪者みたいに取り上げるっていうこともなかった。そこは感覚が違うという面もあったと思う。みんな〝奥歯に物が挟まっている〟ような言い方しかできない時代ですよ。

ジャニーさんの接し方を見ているとわかるんだよね、変な意味だけじゃなくて好きな子とそうじゃない子がいることは。それによって抜擢することもありえるでしょう。

これはジャニーズに限った話ではなくて、女性の芸能人でも事情は同じだったと思います。あの女優さんは監督さんとどうこうで抜擢されて……なんていう話は、わりと聞こえてきました。事実はどこまでかわからないけど。だから僕らは少年でもそうなんだろうなって感じで受け止めて、驚かなかったですよね。

性別を問わず、おそらくほかの事務所でも、そういうことは普通にあったんでしょう。それは宝塚でも歌舞伎でも。閉鎖的な社会では何かしら今の視点から見たら問題だということはあったんじゃないでしょうか。

少し話は違うけれども、閉鎖的な集団ということでいえば、自衛隊が典型でしょう。知り合いから聞いたことがありますよ。海上自衛隊員が1年間休みを取ってなくて陸に上がってくると、みんなお金が貯まっている。そのお金で先輩にご馳走しなきゃいけないっていう、しきたりのようなものがあって、散々お金を使わされたって。こんなのハラスメントでは済まないカツアゲでしょう。

こういう何らかの搾取のような問題は、閉鎖的な社会の中に必ず起きますよね。もちろん、それはいいことではない。

一方で、男が男に対して愛情を持つようなことそれ自体は、問題だとは言えないと思うんですよ。いろんな形の愛情があって当たり前。

ただし、ある意味で地位についている人、要職についている人たちが、その立場を利用して、何かを未成年に強いるようなことは、やっぱりいかんと思うよね。

――噂レベルのことをマスコミが取り上げるのは注意が必要ですよね。裁判でさえ推定無罪の原則があります。憶測で誰かを糾弾する社会になれば、それは魔女狩りの時代と一緒です。一方でマスコミとジャニーズ事務所は一蓮托生というか、忖度の

ようなことは起こりやすい状況ではありました。

やっぱり遠慮しすぎだったと思う。僕はジャニーさんに世話にもなったし、番組でのジャニーズ事務所のタレントさんとのお付き合いも多いし、友達も多いけど、それとこれとは話は別ですよ。

叱るところは叱らないと、現状を見ると、このままではジャニーズ事務所はなくなりかねない。滝沢（秀明）くんの事務所に人が集まったりして、若くて才能を持っている人たちが散らばることは、それはそれでいいのかもわからないけどね。

――ジャニーさんと交流はあったんですか。

ありましたよ。お話ししたこともあるし、舞台稽古のときにもそばでずっとついて、演出見ていたこともあるし、舞台を見ながら一緒にお昼を食べたこともあるし。

そこで見る限りは、優しいお父さんっていう印象ですよね。あんまり厳しさは感じなかった。タレントさんがネタのように「ユーたち、ハワイでデビューしなよ」なんて言われ方をしたなんて話していましたが、実際にそんな感じの人なんじゃないかな。

ただし、演出のことなどはものすごく研究はしていたよね。だってジャニーズの舞台って、日を追うごとに演出が変わっていったりするわけです。いくら事務所の代表で自分が育ててきたタレントだとはいえ、そこまでの手間はなかなか掛けないですからね。すごく自分の事務所、タレントには責任を持っていた人なんじゃないかな。

やっぱり才能を見る力っていうのは、ものすごくあったと思いますよ。独自の目の付け方があったんでしょう。

そしてこの子はいい、この子を育てようと思った対象が、期待に応えて育っていったんだから、そこには芸に対する見識や、演出家としての能力があったんでしょう。

若い人を育てるときにも、滝沢君に対しては早い段階から演出の勉強させたりとか。嵐のメンバーの中では、全体的なプロデュースみたいなことは松本（潤）君にやらせたりとか。そういう見抜く力があったから、それはやっぱりすごい人だなと思うよね。

でも、その部分と性加害の部分は違うから難しいんだけどね。

――「テレビ局にはジャニーズからの圧力がすごかった」という話もあります。小倉

さんは、そういうものを肌で感じていましたか。

僕なんかには、逆に直接は言ってこないですよ。番組側に対して、小倉と組ませてみたらどうだろうかっていう勧め方をしてくれたことはあるんだろうと思います。番組側がそこにどういう忖度をしたのか、それとも僕の能力を買ってくれたのか、出る側の僕にはわからないよね。永遠に謎。

ただ僕も、ジャニーズ事務所の人と付き合いがあることで、すごく「とくダネ！」のプラスになったこともあったとは思う。

――「メディアは知っていたのに伝えなかったじゃないか」「積極的に取材しなかったじゃないか」という点を問題視する人もいます。もしも、今「とくダネ！」が続いていたらどうなったでしょう。ジャニーズに対して「叱るべきことは叱る」という姿勢で厳しい指摘をしても、「小倉さんだって、前から知ってたでしょう」と批判されかねない。そんな批判に対して、キャスターとしてどう答えたと思いますか？

知っていることを何でもかんでもテレビでしゃべることができるなんて思ったら大間違いだよって、正直に言いますよ。知ってることを全部言うわけねえだろう、って。古市君も言ったように、噂を耳にしていたからって、放送で言えるものではないし。現代の感覚で見れば酷い、ということが昔は多かったでしょう。興行がらみのことは暴力団と結びついていたわけだからね。小林旭と美空ひばりの結婚だって、そっちの力で結婚させられたんだから。そんなの怖くて断れないじゃない。

メディアを変に神聖視するのはおかしいと思う。ロシアのメディアなんか見たらよくわかるよ。

●嵐のメンバーたちとの交流

——今はジャニーズと付き合いがあったことすら、問題だというような風潮もありますね。あまりにも極端だと思いますけど。

僕は正直に言って、親しくしていただいていましたし、隠すつもりもありません。ジャニーズのタレントたちからもらったサイン入りの物なんかいっぱいありますし……問題があったからって、それを没収されるのは嫌ですよ。普通しないサインを入れてくれたものもあるしね。

お祝いでいただいた、すごいマグナムサイズのシャンパンのボトルに嵐のサインや似顔絵が入っているものもある。彼らは僕にプレゼントをくれるときには、何か自分たちの名前とか記念になるものを添えてくれるんですよ。

でも僕は5人にお返しするわけですからね。5倍になっちゃう。

そこは最初に失敗しちゃったんだよ、ものすごく。松本潤と酒を飲んでたら、「小倉さんのその時計いいいな」って言うわけ。そりゃいいものですよ。だって、新婚の頃にかみさんと香港に行って買ったロレックス。当時は80万円くらいだったけど、今は数倍になってるかな。

でもそれを、「いいよ」って、あげちゃったの。彼は大事にしてくれていますよ。それでその純正のベルトは傷つけるともったいないから、こっちのベルト使えって言って、ちゃんとオーバーホールまでしてあげて、プレゼントしたんだよ。

失敗というのは、それを口止めしなかったこと。潤が「小倉さんに、これもらった」って言って広めたんだ。そうしたら、ひどいんだよ、TOKIOの国分君にまで伝わっているんだもん。国分君と番組で一緒になったら、メモ書きを俺によこすわけ。「僕にも時計をください」って。バカヤロウ（笑）。そんなことがあったから、プレゼントは、特に最初の年は他のメンバーとバランスを取るのも難しくてね。高いものが基準になったから。えらい目にあっちゃったなと思って。

——ジャニーズの功罪のうち「罪」ばかりがクローズアップされがちですが、当然ながら「功」の部分もたくさんあるわけですよね。ファンクラブに入るようなコア層はもちろん、曲やパフォーマンスに励まされたという潜在的なファンは非常に多い。阪神・淡路大震災の時の「J-FRIENDS」などボランティアにも積極的でした。もし「とくダネ！」が続いていたら、小倉さんはバランスの取れたコメントをしてくれたんじゃないか、世論ももっと冷静になれたんじゃないか、と期待しちゃうんです。創業者の不祥事によって「功」の部分が全部吹っ飛んで、プラス面

を口にしてはいけない、少しでも褒めてはいけない、サインは捨てなきゃいけないみたいな風潮に対して、異論を口にしたんじゃないか……そんな風にも思うのですがどうでしょう。

それはありますね。バランスを取ろうと自分なりに考えて物を言ったと思う。バランスを取れる人があんまりいなくなりましたよね。世の中に迎合しちゃったほうが得だっていう考えの人が増えているから。

結局、長いものには巻かれちゃうっていう、迎合しちゃうところが多いじゃない。

――そういう長いものへの迎合全般が嫌なんですね。

嫌ですね。民主主義とは違うからね、迎合というのは。もちろん徒党を組んだほうがいいこともあるけどね。そのほうが力になったりすることもある。

ただ、自分の判断基準が曖昧なのに、ふわっと大多数について行っちゃうっていう人が多くなると、その人たちの声ばかりが大きく強くなっちゃう時代になるんじゃないか。

●九重親方激怒で謝罪したけれど

――小倉さんに限っていえば、ジャニーズよりも圧力を感じたのは日本相撲協会のほうですか。

そうですね。さっきも言った通り、ジャニーズ事務所は、直接僕らのところに目に見える圧力をかけてきたことはありませんでした。

一方で、相撲協会は目に見える圧力をかけてきた。露骨も露骨でした。朝青龍が休場しているのに、母国のモンゴルでサッカーをやっていることがわかって大問題になったことがありました。それで二場所休場になった。

そのときに、僕が「星が買えたらよかったのにね」って言ったんです。もちろんジョークに決まっているじゃん。見ている人は誰だってわかる。

それなのに、当時の広報部長の九重親方（元・千代の富士）が番組を見てもいないのに、又聞きでフジテレビに電話かけてきて、「ビデオを貸せ、小倉は何て言ったんだ」

って言うんだ。

それで「ふざけんな」と親方が怒って、「もう今後、一切フジテレビには相撲協会のビデオを貸さない。それがいやなら、小倉にオープニングトークで謝罪をさせろ」って言ってきたんです。で、プロデューサーが泣く泣く電話をかけてきたんですよ。

「小倉さん、申し訳ない。俺、こんなこと言うのは初めてだ。悪いんだけど、明日の番組で謝罪してくれ」

何を謝罪するんだよって言ったら、

「星が買えればいいのにね、って言ったことを相撲協会が根に持ってる。とにかく怒ってる。きちっと詫びないと、今後相撲のビデオは借りられないってことになって……フジテレビのスポーツ部が謝罪させますと先方に言ってきた」

わかった。謝罪をする。ただし、その後何を言ってもいいんだったら謝罪する、と言うと、プロデューサーは、

「それでいい、小倉さんの考え方を言ってもらっていいです」

って言う。それで僕はオープニングトークで10分間ぐらいしゃべっちゃったわけ。今回の顚末はこれこれこういうことで、相撲協会が怒ってフジテレビにＶＴＲを貸さない

と言っている、そうなると視聴者にも迷惑が掛かるから、私は謝罪します、と。「ただ、僕はこのことに関しては一切間違いじゃないと思っている」とも話した。そうしたら結局、相撲協会の広報の電話が抗議で鳴りやまなくなっちゃって、余計、九重親方が怒っちゃったらしい。でも、相撲の番記者はみんなで喜んで拍手してくれていたそうですよ。

その後まもなく彼は広報部長を辞任しました。

余談なんだけど、その頃僕が行ってた歯医者が、九重親方と八角親方（元・北勝海）の後援会長もやってたんですよ。で、なぜか新年会のときには、両者が一緒に座らなかったりするわけ。それだけならまだしも、僕が九重親方と同じテーブルになったことがあって、あれには参りました。仕方ないので、上っ面だけの会話はしましたが、後で歯医者さんには、一緒のテーブルにしないでくれないか、とお願いしたもんです。

また同じ会で別の年は、八角さんが理事長になった後で、「小倉さん、いろいろありがとうございました、おかげさまで今度私がやることになりました」なんて挨拶に来るんだよ。来なくていいのに。

九重親方はまだお若いうちに亡くなったけど、娘さんがまだ同じ歯医者に来てて、待合室で会ったこともありました。

「小倉さん、生前は父が小倉さんにお世話になりました」

だからお世話なんかしてないっていうの。

――ほかに小倉さんを恨んでいる人っているんですか。

結構、いるんじゃないの。だってさっきのサッチー騒動のときに、東スポに載っていた野村監督のコメントでは、僕のことを「あのガキ」って言っていましたよ。あのガキがこんなこと言いやがってって。別に野村さん、嫌いじゃないんだけどな。

でも、ああいう騒動のときって、どっちかを批判しなきゃ面白くないじゃない。

――どうしても司会をやっていると、いろんな悪口が浴びせられることは珍しくないわけじゃないですか。「あのガキ」じゃないけど、「偉そうだ」とか。そういうのは気にしないいんですか。

うん、だってそういう風に見えるんでしょう。役割として威張ることもあるし。

――キツいことを言うにあたって気を付けていることってありますか。

そういえば金丸（信・元自民党副総裁）は大バカヤロウだって言って、騒ぎになったこともあったなあ。ただ、僕は「バカヤロウ」はきついけど、「大バカヤロウ」になると丸くなるという前提で言葉を使っていました。「大バカヤロウ」って言うときは、意識してそう言っているんですね。

「大バカヤロウですね」って。そのほうが「バカヤロウ」よりかは柔らかくなると思わない？　最近はとにかく炎上しないようにみんなが気を付けているから、何も言っていないに等しい人が多いですよ。あれ、つまんないと思うんだけどね。司会やりながら、そんなことにばかり気を遣ってたら。

●不祥事と作品は別物だ

――「とくダネ！」のコメンテイターでも結構自爆というか、問題になった方がいました。

そう、コメンテイターがやたら捕まったりしましたね。捕まるといえば「とくダネ！」コメンテイター（笑）。ここで名前は出しませんが。

ただ、時代が違うと言われるかもしれませんが、僕は不祥事やスキャンダルがあった人に対して、一貫してわりあい救う方向のコメントをする立場だったと思います。

たとえ何か不祥事があっても、その人の作品に罪は無いという意見を、かなり昔からハッキリと言うようにしていました。曲や作品まで流しちゃいけないとか発売しちゃいけないというのはおかしいでしょっていうのは、ずっと言い続けてきた。

タレントやアーティストにとっては、メディアに出ること自体が、仕事なんですよね。一般的にはテレビに出ること自体が仕事という感覚は、つかみづらいかもしれないと思います。

でも、僕らはそこを禁じられてしまったら、本当に仕事がなくなっちゃうわけですよ。事柄にもよるでしょうが、何かあったら一発アウトで永久追放というような風潮はどうなんだろうと思いますよね。あまりにも、ちょっとやり方が厳し過ぎないかと思う。

しかも捕まったときはさんざん報じるけれども、その後その件がどうなったのかまではあまりフォローせず、ケツを拭かないでしょう。冤罪だってあるのに。そこまでちゃんと考えているんだったらいいけど、〝そんな終わった話をやったって数字取れないもん〟って感じで終わりですものね。

一般の人でも逮捕はしたけど起訴できなかった事件もたくさんあるわけです。冤罪事件とかも含めて。でも、それをあんまりメディアって報じないですもんね。

不倫についていえば、昔はもっと寛容だったでしょう。だって、芸能界は不倫して一人前みたいなところがあったから。だから、「芸の肥やし」という言葉があったんでしょう。

不倫でここまで騒いでいたら、丹波哲郎さんなんか大変だったと思うよ。気がついたら子供が出てきちゃう、何年も前の隠し子が出てきたりとかするんだから。

——昔ってそんなに寛容でしたか。

寛容でしょ。あの人には隠し子がいるよとかって、愛人が誰で、みたいなことも普通に話されていた。芸能人に限らず政治家もそうでしたね。金庫番が愛人だったりしたわけで。

——そこはやっぱり今は厳しい。

厳しいでしょう。石田純一の「不倫は文化」騒動があったけど、不倫を厳しく批判しないといけないっていうことになったら、やっぱり小説とかも書けなくなる人がいっぱいいますよね。そういう恋愛をある意味でロマンチックに描くわけだから。

渡辺淳一先生なんて、作品のかなりが「不倫本」だもんね。渡辺先生にはよく言われたもん。

「小倉君、恋はしなきゃ駄目だよ。年取っても恋はしなきゃ。俺を見てごらん。俺はいつでも女と一緒だ。かみさんに何か言われても、〝これは取材なんだ〟って言うんだ」

って。

渡辺先生は面白かったな。

――ちなみに小倉さん自身は、今でも恋はしたいとか思うんですか。

恋……もう何だろうね、プラトニックみたいな感じになっちゃったよね。〝機能〟が許さないからさ。それってやっぱり大きいよね。そっちが許さないと性欲も衰えるから。先生は気を遣ってその辺は考えてくれたらしいけど。

元気がなくなっちゃったね。でも、いつも恋はしたいと思ってるし、デートをしたいと思ってるから、誰かしらに声かけたりとかはするけど。やっぱり元気がないとね。

――病気した今は、ってことは昔はそういうことをしていたんですか。

していたとかしていないはさておいて、ずっとマスコミには狙われていました。

今はもう全然カメラのレンズも気にならないけど、「とくダネ！」が好調で視聴率を

10%ぐらい取っていたときには、常にカメラのレンズが気になったもんです。実際に、女性とお店で酒を飲んだり食事をしたりしてると、斜め前の人が携帯いじっていて、それで隠し撮りしているわけです。

「週刊文春」なんか、小汚い軽自動車におばちゃんが乗ってるんだよね。その人が写真撮ってるんだ。普通は分かんないよね。でも、慣れてくると、だんだん気配で何かおかしいなって分かるようになった。でも、どこまでも記者は来るしね。

何で飛行機乗って北海道まで僕を追って来るのか。僕程度でそれだったら、他の人はどうなんだろう。あれは文春だったかフライデーだったか、「小倉さんを1年追いかけました」って言われたことがあります。

「俺を1年追いかけてどうすんだよ」って言ったことあるもん。

「1年間ずっと見てて、小倉さんの行動を見ていると、男らしい、すごいと思う」なんて向こうは言うんですよ。

「そうかい、じゃあそう書けよ」って言ったら「すいません、それは駄目なんですよね」だって。

――それで結局、何か不倫っぽい感じの記事が出るんですか。

うん、大抵そんな感じだよ。いつだったか、朝フジテレビに向かう時に、車庫から車を出そうとしていたら二人の男性がすーっと近づいてきた。それで名刺を出すんだよ。名刺を出されたら、もらっちゃうじゃない？後でいろいろ聞くと、そこでもらっちゃ駄目だっていうんだ。もらった段階で、もう取材受けたことになるっていうね。

――無視したら無視したで「小倉氏は取材に応じず、無言で立ち去った」って書かれそうですけど……。

そうだよねえ。その時は、いきなり、「小倉さん、○○さんと付き合ってますよね」って聞いてきた。でも、その場にかみさんもいるんだよ。

「ちょっと待てお前、ここにいるの、俺の女房だよ。ここでそういうこと聞くわけ」って言って、もめたことがあった。結局、「後で話すから、店に来い」って言って焼肉店に呼んで、2時間ぐらいちゃんと話をしましたかね。
そうしたらまた「小倉さんって男気ありますよね」なんて言うんだ。そう思うんだったら、そう書けよって本当に思うよ。

●それぞれの家庭や夫婦には事情があるはず

――自分が載ったら腹が立つ。でも番組では、そういう雑誌が報じたスキャンダルをある種、面白がって伝えることも多かったわけですよね。自分なりの基準やラインのようなものはあったんでしょうか。僕が覚えているのは、乙武洋匡さんの不倫が話題になっていた時には、結構バックアップしようとしていましたね。

だって、彼の気持ちは分かるからね。あまり理解を示すと、やれ小倉は不倫を認めるのかとか言われるんだけどさ。認めるも何もしょうがないだろっていうの、人を好きになるってのは。それは他人にとやかく言われる筋合いのもんじゃないよ、大人は自分で責任持ってやってるわけだから。

そんなに悪いのか、って。誰か他人に対して謝る筋合いのもんじゃないでしょ。かみさんに謝るんだったら筋かも分かんないよ。

僕も番組で初めのうちは元気にそういう意見を言っていたんだよね。それが余りにもフライデーだ、文春砲だとかが来るのもあって面倒くさくなっちゃって、だんだん言わなくなって。不倫への同情的な物言いもしなくなっていったよね。初めの頃は、番組で、「確かに石田純一の言ってることも分かるよ」って言ってたもん。そういう恋愛をする人を100％否定したら、かわいそうだろうなと思ってたし。

――乙武さんを励ます会も小倉さんと一緒にやりましたね。

そうそうそうそう。あんなのしょうがないよ。奥様だって、彼がああいう風に自由なほうが楽になるかもしれないなとも思ったもんね。それぞれの家庭や夫婦に事情があるのに、そんなことまで伝える側も、見たり聞いたりする側も考えちゃいない。

困ったのは、その励ます会で、同席した女性アナウンサーが、乙武さんのことをずっと糾弾していたこと。励ます会のはずなのに、ずっと怒っていた。

でも、不倫といっても、家庭の事情によって全く違うし、個々の事情によっても違いますもんね。すべてを肯定する必要はないけれど、しょうがない場合もあると思うんだよなあ。でも、それを言いにくくなっているんですね。

――どんどん、そういうことが言いにくい世の中になっているんでしょうね。

そうだよね。不倫とジャニーさんのやっていたことって違うからね。ちゃんとそれぞれ線を引かないとさ。何か、けしからんとされることはみんな一緒くたにされちゃっているよね。

不倫についていえば、話を聞くと、一般の主婦の方は結構、不倫とかしてるのよ。アンケート取ったって、ちょっとオーバーかなって思うくらいの数字が出てくる。それってでも感触としては結構合ってるもんね。

僕が既婚の女性を誘ってもついて来たりするからね。ホテルなんかじゃないよ。でも、恋人同士で行くようなところ、映画館とか、ちょっといいレストランとか。

普通は、それだってちょっと抵抗があるわけじゃないですか。それに喜んで来る人多いからね。まあ今は誘っても、こっちがブレーキかけなきゃ駄目だっていう感じだから面白くも何ともないけどさ。

――もっと、そういう率直な意見を番組でどんどん言おうとは思わなかったんですか。僕が出るようになった頃は、そこまでエッジの利いた物言いはしていなかったですよね。

長年やってると大人になってくるというのかな……若い頃はもっと大上段に振りかざして、どこが悪いのっていう感じで物を言うこともあったけど、それが言えなくなってくるというのは不思議だね。

若い頃のほうが怖いもの知らずという感じで言えたよね。

――それは社会の変化なのか、それとも小倉さん自身の変化なのか。

自分の変化と社会の変化と、両方なんじゃない。それもあって「とくダネ！」を自分でやっていても、あまり面白くないよなって思うようになった面もあります。後半は確かにつまらなくなってたと思うよ。

正直言って、あれだけ長い間やってると、卑怯だとも思うんだけど、どうしても自分の保身を考える。20年やったらもうちょっとやりたいとか、まだ自分はここをやってないからこういうのをやりたいんだとかって。

諦めが悪いし、多分欲張りなんだろうね。それは番組にも反映されちゃっていたんじゃないかな。

そういう変化がまたちゃんと数字に出てくるところがすごいんだよ。５００世帯ぐらいからしかデータを取ってないんだろうけど、視聴者はやっぱり分かってるんですね。

——ご自身や番組の変化って他にも感じていましたか。

うん、たとえばコメンテイターがあちこち掛け持ちをするようになったこと。別に縛りがあったわけではないんだけど、コメンテイターって以前は出演する局や番組が決まっていたでしょう。仁義のようなものがあって、ここに出たらこっちには出ないとかっていうのがあった。それがどんどん関係なくなって、どこにでも出るでしょう。

――それは別に自由じゃないですか。

自由ですよ。ただね、そうすると、僕がフジテレビの打ち合わせで話したことが、別の局のスタッフに伝わっていたりするわけよ。「小倉さん、番組の打ち合わせでこんなこと言ったそうですね」とかって。

こうなると、自由に意見を交わすべき打ち合わせでも自由に物を言えなくなってくる。そんな風に気を遣わなければいけないことが増えてきましたね。

――世間だけではなくて、身内に対しても気を遣う局面が増えたんですね。

あとは、君やデーブ（・スペクター）のような危ない人にも気を遣ったよ。だって本番まで手の内を見せないようにしているでしょう。スタッフから、「しゃべらないでください」って言われることを本番で口にすることがあったでしょう。そういう爆弾を落としてくるからさ。最低だよ（笑）。

――でも、小倉さんはそう言いながらもちゃんと受け止めてくれるから、こっちも自由に物が言えたというか……。

いちいち怒ってても、しょうがないだけだよ！

――不倫に限らず、扱いたくないニュースはあったんですか。

いえ、構成とかには基本的に口は出しませんでした。意外かもしれないけれど、このニュースやれとかやるなとかは言わない。単にあまり好きじゃないときには乗ってしゃべらないだけで。要するにスタッフが自分たちで考えてそういうふうに作りたいんだったらそれを作ればいいし、それに対して僕は協力するよって姿勢を意識していました。

――たしかに出演者として見ている限り、スタッフはやりやすそうでした。いちいち

構成に口を出すタイプではないですよね。

うん、怒らないしね。本番前に構成台本見て、これとこれの順番を入れ替えろとか、こんなもんやめろとかって、ふつう司会者は言うみたいだけど、僕は22年間、一切それは言わなかった。

終わった後の反省会で、こういうのはどうだったんだろうねっていう程度の話はするけど、個人攻撃は絶対しないようにしていました。

そもそも個人攻撃というもの全般がいやなんだ。自分がされても、いやだろうし、ほかの人がいないところで、あれこれ言うのもいやらしくありませんかね。

——まあ、大事件が起こると、台本を全部無視することはあったわけですけど（笑）。

●芸能レポーターから首を絞められそうになった

——昔の話になるんですけど、情報番組やワイドショーって以前は取材ももっと踏み

込んでいましたよね。芸能人の自宅に行ってピンポンを押したりしていましたもんね。

僕もやってたもん。

――へえ、小倉さんもピンポン押してた時期があるんですか。

うん。リポーターやっていた時期は結構長かったから。事件取材とか芸能人の取材とかね。

僕が始めたときには梨元勝さんとか鬼沢慶一さんとか福岡翼さんとか、そういうベテランの芸能リポーターが共同記者会見の1列目のいいところに座ってるわけよ。こっちはそんなこと知ったこっちゃないからさ、好きなところに座ろうとすると、「そこは俺の席だよ」って言われたりしたね。

それに対して嚙みついて記者会見でも好きなことを聞いたりしたら、後で怒られたもんです。歌舞伎のときなんかそういうことが多かったな。たとえば先代の猿之助さんと藤間紫さんの関係が話題になっていれば、リポーターは〝男女関係〟を聞きたいわけよ。僕はそのへんよりも歌舞伎そのものが好きなんで、芝居の内容とか演目のこととか、あるいは先代との思い出話とかを聞くでしょ。そうすると向こうも喜んで答えてくれるわけよ。愛人関係がどうこうみたいなことは話したくないから。

僕は本筋の話のほうが面白いと思って聞いていたんだけど、後で周りのリポーターから首絞められそうになったことがある。「ぶっ殺すぞ」って。

――普通の芸能レポーターからすれば、歌舞伎そのものは関心の外でしょうから。でも小倉さんは、歌舞伎自体が好きなんですね。

そうです。最近のことでいえば、市川猿之助は絶対やってはいけないことをやったんだと思いますよ。僕は、彼自身の口から、「自分は歌舞伎の伝統を重んじていて、自分たちのこの芸を若い人に繋げるのが我々の仕事だ」という話を聞いていたことがありま す。それなのに、下の者にパワハラのようなことをしていたとすればまったく同情できない。

「あなたはどんな芸を若い人に伝えたんですか。プラスの部分はどれだけあったんですか」と聞いたら、彼は何も言えないと思うよね。

それに本人が輪廻転生を信じるのは勝手ですが、現実問題としては生まれ変わることなんてできないわけじゃないですか。あの事件自体が歌舞伎の歴史に傷をつけるものです。

●昔はスター、今は流れ星

――芸能人や有名人は、昔と今でどっちが大変だと思いますか。今のほうが倫理その他については明らかに厳しいけれども、昔はレポーターに家まで押しかけられることもあったわけですよね。

それは簡単に比較できないでしょう。というのも、昔は大スターはおろか、スターそのものが一握りの存在だったでしょ。それが今はアイドルとかも含めて、自分や周囲でスターだと思ってる人たちが多いじゃない。実際にはスターじゃなくて流れ星みたいな存在が一杯いるもんね。

――流れ星……。

だからそもそもそこが違うんじゃないかなあ。僕らが思うところの昔の本当のスターともお付き合いしたことあるけれど、やっぱり面白かったし、すごかったよね。森繁久彌さんとか勝新太郎さんとか萬屋錦之介さんとか、みなさんかわいがってくださって。連れ回されたこともあるけど、豪傑なんだよね。今そういう人たちはいないもんね。

――豪傑ってどんな感じなんですか。

たとえば銀座のクラブに行っても、４人で行ったらヘネシー４本入れるとかね。それで乾杯したら、もう次の店行こうとかって。

しかも、それで金払ってるのかと思うと、どうも払ってないみたいな。大相撲の〝ごっつぁんです〟と同じ。昔は、人気力士は手形を押せば飲み食いできるっていう時代があったんですよ。それで済ませて〝ごっつぁんです〟っていうのがさ。

役者さんもそういう時代があったから、銀座とか行っても払わないでもいいっていうふうに思っている人たちは結構いたよね。

——一般人と考え方や価値観がもう根底から違う。

価値観が違うの。よく言われるように、勝新太郎さんなんて、お店変わるたんびに一緒に飲む人の数が増えていくわけだからさ。前の店から引き連れて次の店に行くんです。自分専属のピアニストは連れていくしさ。それと、やっぱり仕事柄、興行関係者との付き合いは多かったよね。その筋の人も含めて。

——そもそも芸能界自体がそういう人と近かった。

そう。ある大スターで競馬の馬主さんもやっていた人が、僕のことをものすごく気に入ってくれた時期がありました。その人に誘われて新潟の競馬場に一緒に行ったことがあります。新幹線が新潟のホームに入っていくと、ホームの端から端まで黒い服の連中が並んでるわけ。誰が来るんだろうって思いながら、一緒に降りたら、「どうも、お帰りなさいませ！」ってそのスターに言うわけです。それで一緒に飲みに行って名刺もらうと、大日本ナントカ会みたいな団体の名前が書いてある。今だったら大変だよね。

――大問題になってますよね。

大問題。その頃はそんなことは結構あったからね。

●本気で怒った相手は太田光

――小倉さんは不祥事を起こした人にも意外と優しい目を向けていた、というのはもう少し知られてもいいことなのかも。さっきも言ったけど、スタッフなんかにも怒

ったりしませんしね。

ああ、でも爆笑問題の太田光には本気で怒ったことがありましたね。フジテレビの「たけしの日本教育白書」で共演したときに、僕のかつらのことを揶揄《やゆ》したんですよ。教育がテーマだったかな。それで、「今話すことじゃないでしょ」って言ったんだ。

別に僕に限らず、誰かの頭が話題になっていたわけでもないし、番組の主旨とも関係なくて、本当に何の脈絡もなく、ただかつらをからかった。

僕のスタッフもすごく怒ってね、それで「謝れよ」って言ったら、番組内でちゃかした謝りをしたんです。そのやり方もあまりにも汚い感じだった。

何で人の欠点をそんなふうにネタにするんだろうと思いました。それはすごく頭に来たから、「もう太田とは一緒に仕事やらない」って言ったことはあります。その後、太田の奥さんと仕事をしたときに、ワインを持って謝りにいらっしゃいましたが。

以来、顔を合わせた記憶がほとんどない。

かつらに関して似たようなことは（ビート）たけしさんでもありましたね。ギャグにする。僕、たけしさんにはどちらかというと、かなりいろいろ協力したことはあっても、借りはないと思うんだけど。

——表情から察するに、太田さんのことはまだ許していないようですね。

うん、そうですね。何て言うのかな、人の欠点っていうか、人が話したくないことを公に言うっていうのは、ギャグにならないですね。それは単純に大変失礼なことだと。僕は絶対そういうことを人に対して言わないから。それは基本だと思うけどね。もちろん、そこから上質な笑いに転化していれば話は別かもしれないけど、ただの子供の悪口みたいな物言いでしょう。

——覚えている限り、怒ったのはそれくらいですか。

基本的に怒らないからね。

――他に嫌いな人とかいなかったんですか。あるいはライバルとか。

そんなこと言わせたいの？

――みのもんたさんは？

別に嫌いじゃないよ。みのさんに嫌われたことはあると思うけど。何かの調査で嫌いなアナウンサー2位と3位が、みのさんと僕だったの。そのことについてスペシャル番組で共演した時に生放送で触れたんだよね。そうしたら、みのさんが急にツンとしちゃって。冗談で言っただけなんだけど。

ただ、僕が誰かを苦手にするということはほとんどないですよ。

●窮屈になってきたという実感

――昔と今でコンプライアンスとかに対する意識も変わってきましたが、「とくダ

ネ！」をやってる間も言えないことが増えてきたなって感覚はありましたか。

ある、ある。それについては、この先、どうするんだろうって思うよね。だって報道の自由だとか言論の自由とかがある一方で、「報道機関」の立場になってしまうと規制が多すぎて、自分たちが規制しているんだもんね。

——ネットでは過激な言葉が飛び交う一方、メディア側の自己規制はどんどん強まっているように感じます。

うん。普段使える言葉すら使えなくなってきているわけでしょ。例えば魚屋、肉屋、八百屋といった言葉を差別だと思う？　普通は思わないでしょう。でも今は肉屋ではなくて、精肉店、お肉屋さんと言わなきゃ駄目なんだ。百姓はお百姓さんって言わなきゃ駄目。それもあんまり使ってほしくないっていう感じでしょ。

そういう言葉が余りにも多すぎて、落語ですら変わってきてるもんね。それでも落語はお金を払って高座を聞きに行くんだから、お客のほうで取捨選択できるので許される面もあります。テレビとは違う。それでも昔使われていた言葉を自由に使える状況ではなくなっているでしょ。

――そういう時代に情報番組は生き残るのか。生き残る必要があるのか。どうなんでしょうね。

僕は必要だと思う。報道番組といわゆる情報番組って似て非なるところがあるから、残っていかないといけないと思っています。報道番組が新聞ならば、情報番組は週刊誌みたいなものに近い。

――でも、できないことも多い。

アナウンサーには使ってはいけない言葉リストのようなものが配られるんですよ。その基本はといえば、NHKなんだよね。まずNHKが使っているリストを配られるわけよ。民放もＮＨＫに準ずるんだよね。でも、実際には民放のほうがよりしがらみは多いわけ。スポンサーその他への忖度がね。プラス芸能事務所との関係もある。もちろん新聞でも週刊誌でも、みんなしがらみも忖度もあるけれど、今は行き過ぎだよね。

――そのへんは「とくダネ！」でも気を遣いましたか。

大変ですよ、それは。好きなことを言う前にまず、自分でこれは言ったほうがいいか、言わないほうがいいのかっていうのを考える。それで、スタッフに相談すると、「やめといたほうがいいですね」って必ず言われるんだ。だから、あまり相談しないの。

――結局、相談せずに言っちゃう（笑）。

相談しないで爆発しちゃうっていうか。プロデューサーの○○さんは、ニヤニヤしながらそういうのも喜んでいたけど。

――司会のプレッシャーってすごいんでしょう。視聴者からすれば、すべてを仕切っているのは司会者、小倉さんで、何かあれば責任も取らされるわけですよね。それに対して、いやだなとかっていうことはなかったんですか。

うん、それはない。わりあい視聴者がどう思っているのかっていうことを基準にしながら司会は進めていたつもりです。そういうバランスは取っていたから、視聴者の受け止め方と僕の言うことが大きくはずれることはなかったと思う。

たとえばVTRを見ても時折わけがわからないものがあるわけです。何が言いたかったんだ？　と言いたくなるような。そういうものが流れたら、「このVTR、さっぱりわからない」と正直に言うようにしていた。作ったやつは泣いてたけれども、見ている人は絶対そう感じるに決まってるんだから、言わないといけないよね。そこは視聴者の側に立っていたと思う。

そのへんのスタンスを永六輔さんが新聞で褒めてくださったことがあります。自分たちの番組に対する姿勢をきちっと番組の中で意思表示しているのは小倉しかいない、というようなことでした。その文章はものすごくうれしかったですね。

――とはいえ、いろいろ批判を浴びることもあったわけじゃないですか。それに対しては気にしたり、へこんだりはしなかったんですか。

落ち込み方はほかの人とは違うかもわからないけど、もちろん気にはなるよね。そんなときは何でそうなっちゃったのかっていうことを考えてみる。それで、改めて、いや、自分はやっぱり間違ったことは言ってないなと思ったら落ち込まない。だから、そんなには落ち込まないよね。

●誰もがコメンテイターになる時代

今は情報過多になっちゃってるでしょう。情報番組をやっていても、視聴者が何でもネットで知っているから、極端に言えば、番組で伝えるべき新しい情報というものがもうないんだよね。それもあって、朝の情報番組も横並びでみんな同じことをやっていたのに、今はみんなバラバラになってるじゃないですか。いわゆる情報番組らしいものをやってるのって、今、フジとテレ朝ぐらいでしょ。TBSも日テレも変わりました。

また、コメンテイターの幅がものすごく広くなったのも大きな変化ですね。僕が「とくダネ！」を始めた頃には、アイドルグループ出身の女性がコメンテイターとして出演して、政治とか国際問題について話すなんてことは考えられなかったでしょう。そういうテーマは司会をやっている僕だって、ちょっと荷が重いなって感じるのに、それについて話をするというのは大した度胸だと思うよね。もちろん真面目に勉強してる子もいるし、立派な大学出てる子もいるんだろうけど、昔は使う側もそんな勇気はなかったからね。やはり肩書のある人に語ってもらっていた。

ややこしいテーマの時には、専門家を必ず入れていたもんです。

――今でも専門家は呼んでいますよね。

しかし今はどの番組もスタジオに専門家を呼んでいるのに、横にパネルを置く。本人がその場にいるのに、本人の顔写真の付いたボードで、「〇×先生はこう言っています」

ってやるんです。馬鹿じゃないのって思うわけよ。でも「とくダネ！」も後半はそれをやっていたからね。

僕はおかしいと思っていたから、本当にうるさく言っていたんです。「何でそこに本人がいるのに、本人に聞かないでパネルで説明するんだ」って。するとね、「いや、そこで聞くと話が長くなっちゃうんですよね。だから、こっちにまとめてるんです」って。それじゃ、そもそも呼んで話を聞く必要ないだろう、と思うんだけど。

コメンテイターというのはこれからどうなるんだろうね。アメリカのニュースショーとかを見ていても、日本のコメンテイターみたいな人はいませんね。何でもかんでもコメントする人がこんなに出ているのは珍しい。

僕は、その辺を逆手に取って、諸星（裕・桜美林大学名誉教授）さんをいじめてみたりしてたんだけどね。苦手だから芸能だけは聞かないでって言われていたから、初回でいきなりそういう話題を振ってみたり。そのほうがハプニング性が出て、番組が面白くなると思うから。

振り返ってみると、いろんなコメンテイターを出すのも、ある意味、「とくダネ！」

が先駆けなんですね。だから僕もまた仕掛け人の一人だったんだけど、それが当たり前になってきちゃったりすると気持ち悪くなるよね。

●前に出過ぎると鼻につく

――ここまでアイドルが国際政治や経済を語るのが普通になっちゃうと違和感があるということですか。

そうそう。スポーツ出身の人がコメンテイターになって、どんどん前に出てくるのも考え物です。

たとえば今、世界陸上では高橋尚子さんが出ているでしょう。僕はQちゃん好きだし、ずっと応援してきました。彼女がテレビに出るようになった時には、あまりしゃべるのが上手《うま》くなかったから、もっとこうやったほうがいいんじゃないとかアドバイスもよくしていたものです。

テレビに慣れてきて上手にしゃべれるようになったのはすごく良かったと思うんだけ

ど、今度の世界陸上を見る限り、制作側が彼女を前面に出しすぎだよね。ずっとキャスターをやっていた織田裕二さんや中井美穂さんが降板したという事情があるのはわかるんです。ＴＢＳのアナウンサーがそんなに詳しくないから、その分も彼女が補うことになって、たくさんしゃべる。

彼女には何の罪もないんだけど、見ていると、「そこまでしゃべっちゃ駄目よ」っていう感じがして、つい止めに行きたくなるよね。

――しゃべり過ぎるのはダメですか。よく小倉さんが言えますね。

僕ら司会者にせよ、コメンテイターや解説者にせよ、鼻についてきたら絶対損なんだよね。まあ僕なんか最後には、もうしょうがないぐらい鼻についてるのかなってことは承知でやっていたんですよ。嫌われてるんだろうなと。

――あ、そういう自覚はあるんですね。

うるさいよ。実際、嫌いなアナウンサー、司会者で常に上のほうにいましたからね。好きなアナウンサーで上位なんか入ったことないからさ。

見ている人からすると、うっとうしいんだろうね、22年間もやっている、70過ぎた男が偉そうにやってたらうっとうしいと思うのもわかる。でも、もううっとうしくやるしか、自分には方法がなくなっちゃっていたんですよ。

――でも、そこはみんな文句言いながらも見ていた面があるから視聴率が良かったんでしょ。本当にチャンネル替えてしまう人もいるけど、文句言いながらも見る人も一定数いるわけじゃないですか。

それは、アンチもファンのうちというやつでね、巨人は大嫌いだと言いながら巨人のゲーム見てる人いるけど、あれも一種の巨人ファンだっていうのと同じ。巨泉さんはそういうことをよく言ってたよ。巨泉さんは、好きな司会者でも上のほうに来ていたけど、嫌いな司会者では一番上が定位置だったからね、あの人。でも、「小倉さ、それはそれでさ、俺は好かれてるんだよ」って堂々としていたよね。巨泉さんの胸の内は聞いたことなないけど。巨泉さんは僕みたいに、「自分は鼻についているんだろうな」なんて考え方は絶対にしないと思う。

――そういう人なんですね。

自信はあったからね。自分のやることに対してものすごく自信を持っていたし。勉強もしていたよね。

――その点で言うと、小倉さんのほうが客観性があるんですね。

客観性なんて、そんな立派なもんじゃないんだよね。巨泉さんには嫌いなところもあったから、ああはなりたくないなと思いながらやってたけどさ。小泉《こせん》なんて言われても、「俺は小泉なんかじゃない」って思っていたもんですよ。でも、だんだんそうなってきちゃうんだよね。

●異論を唱える意味はある

――ここまで小倉さんが言いたい放題言い過ぎて、炎上したり嫌われたりという話をたくさん聞いてきました。その逆もあったんですか？　取材対象から感謝されたりとか、視聴者から共感されたりとか。

そりゃ、いっぱいありますよ。例えば電機メーカーのパイオニアの業績が悪化していきましたよね。今でも事業譲渡や統合なんかを繰り返してるんだけど、業績が悪化しながらもパイオニアがプラズマのＫＵＲＯっていうテレビを出したんですよ。これが本当にいい色を出して、黒の再現性がものすごかったの。その話をオープニングトークで、7、8分やったの。そしたらパイオニアの人たちから連絡もらいました。ずいぶん喜んでくれて、結局、社長が会いたいっていうんで、会いに行きましたね。

企業にヨイショしたというような話じゃないよ。僕は一般的に「駄目になっていっている」と言われるような企業、あるいは人物の良さをあえて言うことが多かったんですよね。

雪印のいろいろな問題があったときには、「雪印は絶対に潰しちゃ駄目だ」って話をかなり真剣にしました。みんなが雪印の人たちに冷たいときです。北海道でどれだけ雪印が庶民のためになることをやってきたか知っているのか、というのが僕の気持ちでした。だから「雪印というブランドをなくすのには絶対反対です」なんて話をしました。そういう話をすると、経営者の皆さんが手紙をくれます。「あのときのことは本当に忘れません、ありがとうございます」って言ってきてくれたりしました。

何らかのことで追い込まれている企業であっても、良い面があればそれを話す。すると、勤めている方が「これから先、自分たちはどうやって生きてけばいいんだというときに、小倉さんがあいうふうに言ってくれて、どれだけ生きてく勇気をもらったか分からない」というような手紙をくださることが何度もありました。こういうことは身に染みるし、本当にうれしいものです。

――炎上の渦中って、社会にいる全員が敵みたいに感じてしまうものです。だからこそ思わぬエールは嬉しいですよね。

亜細亜大学の野球部員が痴漢の疑いをかけられて部は対外試合禁止に追い込まれたことがありました。決まっていた就職が駄目になった部員もいたそうです。

この件は冤罪の可能性があったんで番組でも取材して、結局、本当に冤罪だったわけです。でも、痴漢だと騒いでいたメディアはどこもそのフォローはしないんですよ。

これについて僕は、あんなに騒いだのに、それが冤罪だとわかったにもかかわらず、きちんと報道しないのはおかしい、と番組で言いました。

そうしたら、その野球部員全員から400字詰め1枚ずつの手紙が届いた。それは今でも取ってあります。ソフトバンクから巨人に行って23年シーズンで引退した松田宣浩選手がキャプテンだった頃の話ですよ。

これが縁で亜細亜大学と親しくなって、大学の優勝パーティーの司会をすることもあった。「小倉は亜細亜大学のOBなんだな」と思った人もいたみたいだけど、違う、違う。あくまでも放送でのトークが縁です。

●おにぎりに入っていたとんでもないもの

――情報番組って本来、そういう力もあるんでしょうね。どうしても悪い話の方が面白いから多くなるけど。良い意味での影響力も行使しようということは意識していたんですか。

それは意識していましたね。ただ、そのスタンスがいいことばかりではなくて、どん底に落とされたこともあるけど。

田代まさし君が違法薬物で捕まったときに、僕は彼のコメディアンのセンスというのは一流だと思うから、やってきたことは悪いことかも分からないけれども、何とかカムバックして、芸能界で、バラエティで笑わせる姿をまた見たいんだって放送で言いました。十何枚もの手書きの手紙をもらったんですよ。でも、その後また、ですもんね。何をやってんだと思いました。

ああいう番組のキャスターをもっともらしい顔でやってると、あの人だったら信じてもいいって思う人が本当にいらっしゃって、真剣なお手紙をもらうことはあるんです。ただまあ、その3分の1ぐらいは、危ねえなっていう内容なんですけどね。「実はあなたに道玄坂で私は殺されているんです」なんてホラーみたいなものとかね。

――感動のお手紙ばかりではない。

そうそう、文化放送で仕事しているときに、おにぎりを届けてくれた女性がいた。箱にいっぱい入っているんですよ。昔はわりあいそういう戴きものを平気で食べたりなんかしてたじゃないですか。で、そのおにぎりを割ってみたら、黒いものが入っている。「ん？　昆布か？」と思ったけれども、よく見たら陰毛！　そんなこともあったよね。古市君もそういうことあるんじゃないの。独身だから、「私が古市君と結婚する」とかって言う人いない？

――そういうメールとかは多分来ているんじゃないですかね。あんまりチェックしてないですけど。

最近こんなこともあったよ。ある人が油絵を送ってきた。美術年鑑のコピーも添えてあって、そこには号9万円とか書いてある。本物の画家さんなんでしょう。

手紙も入っていて、「いつも番組を見ています。お元気になられて良かったです。元気になってもらうように私の絵を送ります」うんぬんとある。そこまでならいいんだけど、「絵だけを送るわけにはいかないので額装しました。ついてはその代金4万5000円、次の口座に振り込んでください」と続く。

マネジャーに「こんなに高いものを送っていただくわけにはいきません」と書いて送り返してくれ、って頼みました。

●高齢者のための番組をやってみたい

——今でもテレビはよく見ますか。たとえば朝8時台の情報番組とか。

見ますよ、わりあい偏ってきちゃいましたけどね。羽鳥慎一さんの「モーニングショー」（テレビ朝日）を見ることが多いかな。一つのことをわりあい徹底してやるんですよ。コメンテイターの長嶋一茂さんは、くだらないことも言うんだけど、くだらないなりに一生懸命頑張って言っているから、あれはあれで面白いかなって思う。玉川徹さんも頑張ってると思いますし。

テレビ朝日が面白いのは、朝8時からお昼の大下容子さんの「ワイド!スクランブル」まで、扱うニュースの本筋があんまりかぶらないんですよね。大下さんのところは結構、国際問題をやる。今だとウクライナ問題だとか中国問題とかを、1時間ぐらいかけてやるんですよ。あの辺の全体の流れが結構、面白いですね。

逆に、番組全体の流れを考えてないのがフジテレビ。今や何を言いたいのかわからない、バラバラ。何だかよくわからない、お昼過ぎの「ぽかぽか」っていうのも。

しかし、どうなんだろうね。朝に情報番組をやるというのが一種の慣習というか常識になっていたんだけど、もう普通の情報番組は駄目なのかも、という気がすることもあります。

何たって今や大谷翔平選手が多くの国民の関心の的でしょう。だいたい僕も大谷選手の試合が始まると、「モーニングショー」も見なくなるものね。

面白いんですよね、やっぱり。熱狂的なライオンズファンだった僕が、ライオンズ戦を見なくなっているくらい。新聞で結果だけ知って、ひでえなあとかボヤくぐらい。

――若いキャスターやアナウンサーでうまいな、と感心した人はいますか。

最近の人では、ＴＢＳのニュースでホラン千秋さんが出てきた時には、「うまくいけば伸びそうだ」と思いました。すごく勉強をしていることが伝わってきましたから。今ちょっと足踏みしている感じもしないでもないけど。

ライバル視するような人はいないけど、さっき言った羽鳥君なんかは安定感がありますよね。回し方とか、とっさの言葉遣いとかがうまいですよ。いろんなことをよく知っているし。日頃の鍛錬なんじゃないかな。

ＴＢＳの安住（紳一郎）君は達者な人だなと思うけど、今の朝の番組をやってるのはもったいないですね。あの番組だと彼が生きないよね。彼はニュースとか情報番組っていうより、やっぱりソフトなバラエティ番組の回し役とかをやったほうがうまいかもわからないですね。それは非常にうまいですよね。

何に向いてるかっていうのは、やっぱり違うでしょ、人によってね。アナウンサーでうまい人というのは、とっさのごまかし方がうまいんですよ。古舘伊知郎さんなんかもそうです。うまく逃げることもできるし、まとめ方もうまい。言葉で彼はバッと局面を変えていくことができるんだけど、あれはいくつも言葉を引き出しの中に持っていないとできない。台本があるわけじゃないから。

――それは小倉さんもできていたんじゃないですか。僕の中で古舘さんは、一人で2時間でも3時間でもよどみなく話しているイメージ。一方の小倉さんは、一人しゃべりもできるけど、常に対話相手やオーディエンスがいるイメージです。自分ではどこが弱点だと思っていたんですか。

ずっとお話ししているように、若い頃、勉強や受験勉強をしてなかったことです。みんなが一生懸命勉強しているときに、僕は勉強しないで遊んでばっかり。自分の好きなことばっかりやってたじゃないですか。だから、いわゆる一般教養みたいなのは弱かったんですよ。それをどうやってごまかすのかっていうのが、僕のある意味での哲学だったかもわからない。

それでも「とくダネ！」をやっていくうちに、だいぶ引き出しは増えてきましたね。

弱点は減ってきた。

そのへんを踏まえて僕がよく言うのは、「テレビを見るとバカになる」「1億総白痴化」とかってよく言われるけど、そうは限らないでしょう、ってこと。うちの家はテレビ好きだったんですよね。小さいときからテレビを一生懸命見ていたけど、それはそれで役に立っていますよね。教養とか知識も教わった面があります。もちろん好きなものだけ見ちゃうと、問題はあるかもわかんないけど。

——小倉さんや、もっと前の世代では久米宏さんや筑紫哲也さんは「メインキャスター」という肩書きが似合いましたが、そういう人は減ってきましたね。

久米さんや筑紫さんと同一線上に語っていただいたら、こんなに幸せなことはないですよ。僕はレベルはそんなには高くないですね。

まあキャスターがいなくなったっていうよりかは、もうテレビ局がそういうのを必要としなくなったのかもしれません。僕が若い頃、アナウンサーはトーキングマシーンって言われていました。自分の意見は言わなくてもいいって言われていた時代なんですよ。

アナウンサーは原稿に書いたことしか言っちゃいけないと。

そういう時代に、久米さんや僕はどんどんやり方を変えてきたから、いつの間にかそれが主流になったのかもわからないけど、今また元に戻ってきちゃっているということでしょ。それは局の都合もあれば、スポンサーとの関係もあるでしょう。余計なことや私見を言うと、炎上だの何だの面倒だという風に考えれば、無難なトーキングマシーンのほうがいいという考え方はあるでしょうから。

――「とくダネ!」が終わってしばらく経ちました。そろそろまた自分の番組を持ちたいですか?

新しい番組をやってみたいという気持ちは、まだまだあるんですよ。それも同世代に向けてのものをやりたい、と。

いまは僕の世代に向けての番組がほとんどないでしょう。もっと我々に向けてのものがあってもいいんじゃないのかな、というのは強く思う。

僕たちの世代、これまで頑張ってきたんだけど、今はかわいそうだよね。病院に行くと、本当、同世代の人ばっかり。僕自身も含めて、ジジババばっかりが待合室にいるわけ。

それだけならいいんだけど、ちょくちょく息子や娘の罵声が響いてくる。「だから、お父さん言ったじゃない」とか爺さんが叱られ、「何でそれを先生に言わないのよ!」なんて婆さんが叱られという感じ。本当にかわいそう。

団塊の世代って、世間からは逃げ得だとか、恵まれているとかって言われてるけど、いざ内実を見てみると、そんなことはない。ずっと競争してきた世代なんだもん。そして年取ってもまだ生きていくための競争をしているように僕には思える。

そういう同世代の人が心から共感できたり、面白がったりできる番組をやれたらなあ、ってすごく思う。

そういうものを面白くやれる自信はあるんですよ。

あとがき

小倉智昭

少し前に古市君と食事をしたとき、近頃思うことを気ままにあれこれ話したことがきっかけで、柄にもなく自分の本を出すことになりました。「本音」というタイトルの通り、古市さん、それから中瀬さんという気心の知れた「とくダネ！」コメンテイターのお二人を前に、病気のこと、親きょうだいや奥さんのこと、仕事や趣味のことなど、思い切り、たくさん話しました。

読者の皆さんにとってはとりとめのない話かもしれませんが、これが僕という人間のありようなんです。近頃はテレビを見ていても、言いたいことが言いづらい、というか、言えないことが増えてきた気がしています。もちろん、時代の変化とともにしかたないことでしょうけど、メディアに関わる以上、少々の脱線や失言、ときに炎上（？）はあっても、もっと自分の本音をだすことで、世の中の風通しがよくなるんじゃないかな、そんなことを思ったりもします。

本文中でお話しした、中野のビルから練馬への引っ越しはほぼ終わりました。余生は好きな物に囲まれて理想の暮らしを……と思っていたら、今度は左腎臓の腎盂がんを宣告されました。１００万人に1人の罹患率で、治療は全摘手術しかないそうで、近い将来の人工透析は避けられないようです。65歳まではわりと運のいい人生でしたが、一気に運が傾きました。一人暮らしは始まったばかりで、さて、どんな余生になりますか……でも、これでもう1冊、書けるかも。

68歳からの膀胱がんとの闘いの中で、多くの病院や医師との出会いがありました。僕にとって幸いしたのは、膀胱全摘を決意してからもらった病院と医師のアドバイスや判断、決定でした。この場を借りて、少しそのことに触れたいと思います。

具体的には、ロボットを使っての手術に定評のある東京慈恵会医科大学附属柏病院の三木淳泌尿器科診療部長、地元のホームドクターである富士クリニックの田中宇一郎医師のことになります。

三木先生とは既に6年のお付き合いになります。本気で相談し、正直にお互いの気持ちをさらけ出すことで、全ての手術をお任せ出来る信頼感が生まれました。田中先生とは30年の長期にわたって良き相談相手であり友人です。循環器が専門で自らも腎臓の病気と闘っています。僕の体に関しては全てご存じの方です。

僕自身、膀胱がんが判明してから1回目の内視鏡手術を受けるまでは精神的に不安定で、治療法や医師選びに右往左往しました。都合2年ぐらいは遠回りをし、寿命を縮めたように思っています。パソコンで得られるインターネット上の情報はありがたいです。しかし余分な知識や間違った情報もあります。正直、振り回されてお金も使いました。結局、ここまでがんと闘って来られたのは人との出会いが全てでした。お二人の先生には心から感謝をしています。

ともあれ、長いこと、僕が話す仕事で生きてこられたのも、それを受け入れてくれた世間と、支えてくれたたくさんのスタッフと関係者、そして家族のおかげです。少しでも楽しんで読んでいただけたなら、これ以上のよろこびはありません。では皆さん、お元気で。またどこかでお会いしましょう！

小倉智昭　1947（昭和22）年秋田県生まれ。タレント。テレビ東京を経てフリーに。「どうーなってるの?!」「情報プレゼンター　とくダネ！」などのMCとして活躍。

古市憲寿　1985（昭和60）年東京都生まれ。社会学者、作家。『ヒノマル』『正義の味方が苦手です』『謎とき　世界の宗教・神話』など、著作多数。

Ⓢ新潮新書

1029

本音《ほんね》

著　者　小倉智昭《おぐらともあき》　古市憲寿《ふるいちのりとし》

2024年2月20日　発行

発行者　佐　藤　隆　信

発行所　株式会社 新潮社

〒162-8711　東京都新宿区矢来町71番地
編集部（03）3266-5430　読者係（03）3266-5111
https://www.shinchosha.co.jp

装幀　新潮社装幀室

印刷所　株式会社光邦

製本所　加藤製本株式会社

ISBN978-4-10-611029-0　C0236

価格はカバーに表示してあります。